KB115049

연애가 힘든
당신에게

일러두기

1 본문 이야기 속에 나오는 문장은 당시 대화 느낌을 그대로 살리기 위해 비문, 오탈자, 은어, 속어 등 교정교열하지 않고 그대로 살렸습니다.

2 큰 따옴표 안에 들어가는 대화체는 친근한 상황 묘사를 위해 국립국어원 표준 표기법을 벗어나거나 등재되지 않은 '신조어'가 사용됐음을 알려드립니다.

3 본문에 나오는 연애 사례는 저자의 〈휴민 심리연구소〉, 〈랭보의 연애시대〉 회원들 이야기로 구성되어 있으며, 동의 하에 저작권 허가가 모두 완료된 것임을 밝힙니다.

4 본문에 나오는 의견 및 주기(개월 수), 나이, 건수 등은 저자의 상담 사례를 중심으로 통계된 자료이며, 저자의 생각과 의도일 뿐 단정적인 자료는 아님을 밝힙니다.

연애가 힘든
당신에게

랭보 지음

연애 컨설턴트 랭보가 알려주는
연애, 재회, 결혼 불변의 법칙

위너스북 WINNER'S BOOK

여자를 위한
남자 공부

·
·
·

우리가 역사를 배우는 이유는 지난 과거를 통해 교훈을 얻고, 또 다시 같은 실수를 반복하지 않기 위해서다. 연애 책 첫머리에 무슨 딱딱한 역사 이야기를 하나 생각할 수 있지만, 인생사 모든 것이 역사처럼 과거에 경험했던 것들을 통해서 배우는 것이며, 이러한 말은 약간의 지식과 건전한 사고방식을 가진 사람이라면 누구나 이해할 수 있는 말이다.

필자는 『연애가 힘든 당신에게』 책을 쓰면서 과연 이 책을 읽는 독자들은 누구일까? 틈틈이 이러한 생각을 했다. 아마 자기가 생각한 대로 연애가 잘 안되고, 남자 때문에 힘들어하고 불안해하고, 또 최근에 실연당한 여자들이 아닐까 생각한다. 왜냐하면 이 책은 연애가 잘 되거나 썸타고 있는 중이거나 남자에게 푹 빠져 있는 여자한테는 전혀 눈에 들어오지 않는 내용들만 담겨 있기 때문이다.

대부분의 여자는 그렇다. 자신이 연애 중이고, 남자 친구와 사이가 좋으면 자기 친한 친구들과 연락이 드문드문해진다. 그러다가 남자 친구와 연락이 잘 안되거나, 싸웠거나, 바람을 피웠거나, 또는 실연당하면 그때부터 친구들에게 눈치 없이 연락을 많이 한다. 여자들도 여자의 이러한 모습이 싫다고 한다.

그러나 여자 친구들의 상담은 언제나 그렇듯 항상 비슷한 말들을 한다. "너희들은 대화가 부족한 것 같아!" "그럴 때는 얘기 좀 하자고 해!" 남자가 대화하지 않으려고 한다고 말하면, "결론은 그 남자 마음이 그것밖에 안 돼!" "너를 안 사랑하는 거야!" "마음이 저것밖에 안 되는 거야!" "빨리 헤어져!" "빨리 잊어!" "정리해!" "네가 더 아까워!" 하는 말이 대부분이다. 이런 말을 들으면 가뜩이나 힘들고 슬프고 답답한데, 뭔가 풀리지 않는 의혹처럼 더 많은 의문과 답답함을 가슴에 안게 된다. 심지어는 친구들에게 더 상처받아서 더 이상 자존심 상하기 싫어서 인터넷이나 상담을 통해서 그동안 자신이 했던 연애를 말하곤 한다.

필자는 〈휴민 심리연구소〉에서 여자들의 이러한 연애 고민을 듣고 상담을 하고 있다. 대부분 여자의 고민은 '왜 나만 연애가 안 되고, 만났다 하면 연애가 오래가지 못하고, 또 헤어지는지? 왜 나는 연애는 되는데 결혼이 안 되는지? 만났다 하면 바람둥이를 만나는지? 헤어진 남자를 어떻게 하면 다시 만날 수 있는지? 다시 만난 남자와 관계를 잘 유지하고, 어떻게 하면 결혼할 수 있는지?' 남녀관계의 고민들을 서울~부산을 오가며 수도 없이 듣고 상담하고 있다.

연애가 잘 안되는 이유가 뭘까? 여러 가지 이유가 있겠지만 필자가 생각하기에는 여자가 남자의 존재를 단순히 '남자는 여자를 사랑만 해주는 존재가 아닐까?' 하는 환상 때문이다. 이러한 환상은 여자라면 누구나 조금씩은 다 가지고 있지만, 문제는 남자가 여자를 만날 때 무슨 생각을 하고, 또 언제 지쳐 가는지, 여자가 어떻게 해줘야 남자가 좋아하는지, 남자의 속마음을 잘 모른다는 것이다. 연애가 처음 시작할 때는 순조롭게 잘 흘러가지만, 남자가 마음이 식을 때는 연락이랑 만남이 줄어들고, 또 혼자 있고 싶다고 말한다.

여자는 남자가 거리두려고 할 때의 속마음을 잘 모르기 때문에 남자의 이런 모습을 보게 되면 마음이 예전 같지 않다면서 불안해한다. 또 "얘기 좀 하자!"고 울면서 싸우고, 남자를 불편하게 만들어 버린다. 이런 모습을 반복해서 몇 번 보여 주게 되면 남자는 여자에게 싫증을 느껴 시간을 갖자고 하거나 이별을 선언해 버린다.

여자는 남자의 이러한 행동이 도저히 납득이 가지 않고 이해가 되지 않는다. 왜? 그럴까? 여자의 시각과 사고로 생각하기 때문이다. 그래서 남자가 연락이 줄어들거나 거리감을 둘 때 이기적이고, 나쁜 남자처럼 보인다. 하지만 대부분의 남자는 여자에게 부담을 느끼면 이러한 행동을 반복적으로 보여준다. 결국 여자는 자기감정에만 충실하고, 남자에 대해서 잘 모르는 것이다.

공자님께서 거울을 보는 것은 낯빛을 보기 위함이요! 지난 과거를 돌이켜 보는 것은 지금을 알기 위해서라 이러한 말씀을 하셨다. 사람의 존재는 그렇다. 다 시행착오와 실패를 통해서 배우게 되고 조금씩 나아지게 되는 것이다.

그동안 자신의 연애가 잘 안되었다면 한 번쯤 자신을 지난 연애를 돌이켜보기를 간절히 바라는 마음이다. 자기 생각한대로 연애가 되지 않았다면 분명 자신의 연애 기술이 부족한 것보다, 남자를 몰랐던 것이 대부분이라는 것을 깨닫게 될 것이다. 또한 이러한 깨달음이 단순히 자신에게 국한되는 것이 아니라 남자 보는 눈을 가지게 될 것이며, 더 나아가 좋은 남자 만나서 행복한 연애를 할 수 있을 거라고 필자는 생각한다.

물론 여자에게 과거를 생각해 보라고 하면 대부분 실수와 모순투성이 상처, 실패가 대부분이라고 말한다. 그래서 생각하면 더 자존감 떨어지고 우울해지니까 그냥 덮고 가고, 생각하기 싫다고 말하는 여자도 많이 있다. 하지만 이러한 생각은 자신의 연애를 똑같은 문제로 반복되게 만드는 것이다. 그러면서 항상 연애의 결론을 남자의 탓으로 돌린다. 이상한 남자 만났다 하면서…

"너 자신을 알라." 아주 오래된 명언을 생각하며 자신의 정확한 모습을 보기 바란다.

『연애가 힘든 당신에게』 책을 통해 자신이 몰랐던 남자를 배우고, 또한 자신의 지난 연애를 돌이켜 보면서 조금이라도 도움이 되었으면 하는 바람이다. 끝으로 이 책을 내는데 많은 도움을 주신 위너스북 안미성 팀장님에게 감사 인사를 드린다.

Contents

1장   남자를 알면 너도 연애고수!

2장 썸남을 확실한
내 남자로 만드는 협상의 기술!

3장 롱런하는 연애의 비결!

4장 식어가는 남자 마음,
매달리지 않고 역전시키기!

5장 헤어지자는 남자의 연애 심리!

6장 이별 후 다시 재회를 꿈꾼다

1장

남자를 알면
너도 연애고수!

제발 환상에서 깨어나자. 운명적이고 영원한 사랑은 없다

.
.
.

누구나 자기가 생각하는 사랑이 있을 것이다. 키 크고 잘생기고 멋진 남자, 그리고 운명적인 만남. 또 이러한 남자가 내가 힘들고 어려울 때 나타나서 도와주고 지켜주고 나만 한결같이 사랑해 준다면 얼마나 좋을까?

이런 생각을 한 번이라도 해본 적이 있다면 지금껏 내가 만났던 남자가 어땠는지 잘 생각해보기 바란다. 내가 만났던 남자가 자기 현실이고, 자기 수준이다. 남자에게 어떤 사랑을 받았고, 또 어떤 연애를 하였는가? 대부분 자기 연애사를 생각해보면 다 암울하고 재미없고 상처투성이고 말하기 싫을 것이다. 그래도 우리는 더 좋은 남자와의 연애를 꿈꾸며 잘 되고자 하는 마음에 새로운 기대를 하고 또 다른 누군가를 기다린다. 대부분 연애의 환상은 자기 실패와 상처에서부터 시작되는 것이다.

　문학평론가 윌리엄 해즐릿William Hazlitt은 "가장 탁월한 맛을 내는 와인도 시간이 지나면 식초로 변하듯이… 사랑도 좋을 때는 한없이 좋지만, 안 좋게 변하게 되면 사랑했던 사이가 원수가 될 수 있음을 알아야 한다"고 말했다.

　남자가 잘해줄 때는 이 사랑이 영원히 함께 할 것 같고, 우리에게 이별과 헤어짐이 없으리라는 생각이 든다. 마치 이별과 이혼은 먼 나라 이야기처럼 느껴진다. 그러나 잠시라도 긴장을 늦추고 일방적으로 자기만 사랑받고 이해받으려고 한다면, 사랑 안에는 엄청난 고통의 그림자가 찾아온다.

　바로 이별이라는 시련이다. 우리는 단순히 사랑을 하게 되면 저절로 잘 될 것이라고 생각하지만 사랑은 근육과 같아서 끊임없이 노력하고 움직여야 한다. 그것은 혼자만의 노력이 아니라 서로의 차이를 알고 이해해야 한다. 그리고 그 차이에서 나타나는 현상들을 자연스럽게 받아들이는 것이 연애 잘하는 사람들의 공통점이다.

한국 여자들을 끊임없이 괴롭히는 단어들이 있는데 '유리 구두, 사과, 목소리'다. 유리 구두는 신데렐라, 사과는 백설공주, 목소리는 인어공주. 모두 이 동화 속에 등장하는 남자들은 전부 왕자인데, 공주가 힘들고 어려울 때 나타나서 구해주고 지켜주는 역할을 한다. 케케묵은 동화 이야기 같지만 6~7살쯤에 한글을 배우면서 읽게 되는 필독서다.

사람에게는 기초 및 조기교육이 매우 중요한데, 어릴 때부터 동화를 통해 글을 배웠던 아이들에게 '남자란 여자를 구해주고, 지켜주고, 영원토록 사랑해 주는 사람이다'라는 왕자로 인식이 심기게 된다. 내가 만났던 남자가 왕자가 아닌 걸 알면서도 기대한다. 상상 속의 남자보다 현실에서 자기의 활동 반경에 보이는 남자만 생각하자.

연애란 한 사람만 희생하는 것이 아니다. 서로 이해관계가 형성되어 유지되는 관계다. 은밀히 따지면 서로 거래하는 관계, 즉 기브앤테이크 관계다. 그런데 이 거래관계가 여자들이 생각하는 핑퐁처럼 왔다갔다 하지 않는다. 여자는 매일 연락하고, 순간순간 대화하고, 즉시 대화로 풀려고 하지만 남자는 그렇지 않다. 남자는 여자와 다르게 깊어지면 멀어지고, 더 깊어지면 더 멀어지는 과정을 끊임없이 반복한다. 이것이 현실이고 남자가 끊임없이 여자에게 이해를 요구하는 부분이다. 연애가 어려운 이유 중 하나가 관계가 깊어졌는데 멀어짐을 느낄 때, 여자들은 그 순간을 참지 못하고 '내가 이상한 남자를 만난 것은 아닌가?' '회피형의 남자를 만난 것은 아닌가?' 생각하기 때문이다.

영원한 사랑은 없다. 단지 오래 지키는 방법뿐이다. 이 책 한 권에 사랑을 오래도록 지킬 수 있는 사례와 방법, 그리고 연애 상담을 업으로 삼는 필자의 생각을 담았다. 그동안 만났던 남자들을 생각하면서 이 책을 읽어보기를 바란다.

섹스하려고
별짓을 다 하는 것이
남자다

.

.

.

여자는 사람이 겉보기에 착하고 선해 보이니까 '섹스만' 생각하지 않고 진심으로 나를 사랑하는 남자가 있겠다며, 한편으로 '예외인 남자가 있지 않을까?' 기대한다. 하지만 그런 남자는 어디까지나 여자의 환상에 불과한 것이다. 여자에게 섹스를 어필하고 안 하고의 차이일 뿐이지 빨리 자고 싶어하는 것이 대부분 남자들의 마음이다.

여기서 여자가 알아야 할 것은 섹스만 생각하는 남자들이 변태 또는 이상한 남자가 아니라 매우 정상적인 남자라는 것이다. 사실 연애라는 것은 남자와 여자가 잠을 자는 것이다. 단지 늦게 자고 빨리 자고의 차이일 뿐이다.

늦게 자고 빨리 자는 과정, 즉 섹스하는 시기에서 남자에게 어떻게 대처하는가에 따라 서로에게 사랑받고 아니면 상처받는 것이 연애의 기술이다. 지금 필자가 말하는 것은 남자를 대하는 자세를 말하는 것이다. 연애할 때 매우 중요한 부분이다. 흔히 연애를 밀당이라고 하는데 필자는 밀당을 남자를 대하는 자세라고 정의내리고 싶다. 그렇다면 어떤 자세를 취하는 것이 좋을지 한번 생각해보도록 하자!

모쏠(=모태 솔로)이 아니라면 연애를 한두 번이라도 해봤다면 남자가 연애 초반 섹스하려고 하기 위해 여자에게 많은 노력을 한다는 것을 경험해 보았을 것이다. 한마디로 요약하면 굉장히 적극적인 행동들이다.

구체적으로 말하면 예쁘다고 칭찬하고, 기분 좋은 말들을 하며, 자기 자신이 어떤 사람인지 자랑하고 어필한다. 심지어 미래를 이야기하면서 자기는 빨리 결혼해서 자녀도 2명은 꼭 낳고 싶다고 환상을 심어주는 남자도 있다. 이러한 남자들의 공통점은 핸드폰에 불이 날 정도로 여자에게 자주 연락을 한다는 것이다.

여기서 '이 여자 조금만 더 노력하면 나한테 넘어 올 것 같다'라고 확신이 생기면 남자는 더 직극적으로 여자에게 대시를 한다. 예를 들어 사귀자거나 여행가자는 말들이다.

    문제는 대다수 여자들이 남자의 이러한 적극적인 행동이 나를 진심으로 많이 사랑하고 영원할 것이라고 믿는 것이 문제다. 이 시기는 어디까지나 호감을 표시하고, 단순히 섹스하고자 하는 마음밖에 없다. 물론 겉으로 "진심이다. 사랑한다." 말하지만 도대체 언제 봤다고 이 여자를 사랑하겠는가? 사랑이라는 것은 최소 100일 정도 남자가 노력하고, 공을 들여야 사랑이 생기는 것이다. 그 전에 남자가 달콤한 말로 유혹하는 것은 어디까지나 섹스하기 위한 말뿐이라는 것을 기억해야 한다.

    빠른 섹스는 어려운 연애를 하게 만든다. 왜? 원래 사람의 본성은 많이 노력하고 공을 들여야 무엇이든지 소중하게 생각하고 아끼게 된다. 이것은 단순히 물건에 국한되는 것이 아니라 사람에게도 해당된다. 그런데 만난 지 얼마되지 않은 시기에서 남자와 섹스를 하고 나면 남자는 여자를 쉽게 잡았기 때문에 한마디로 쉽게 생각해버린다. 그래서 원나잇이 연인사이로 관계 발전이 잘 안 되는 이유 중 하나가 이런 원리 때문이다.

    또한 여자는 본능적으로 자고 나면 더 사랑받고 싶고, 매일 사랑을 확인받고자 자연스럽게 집착이 생긴다. 그런데 남자는 빨리 자고 나면 처음하고 다르게 연락이랑 만남이 줄어들고, 심지어 형식적이며 살짝 선을 긋는 모습도 보인다. 이때부터 여자들은 어떤 증상을 보일까?

불안함이다. '나를 사랑하지 않나?' '내가 뭘 잘못했나?' '또 이렇게 해서 빨리 헤어지는 것은 아닐까?' 하는 생각들이 떠나지 않는다. 남자에게 사랑을 확인받으려고 집착하거나 투정부리고, 더 나아가서 연락 자주 해 달라거나 자신도 모르게 화를 내게 되는 것이다. 사실 남녀가 싸우는 근본도 여기서 시작되는 것이다. 남자는 자기가 변하지 않았다고 하고, 좀 이해해 달라고 하고, 여자는 변했다고 처음처럼 똑같이 연락해 달라고 하면서 싸우게 되는 것이다. 연애는 여기서부터 어려워지는 것이다.

그렇다면 어떻게 해야 할까? 남자는 빨리 잔다고 애정이 커지는 것이 아니라 여자에게 공을 들여야 애정이 커지기 때문에 최소한 3개월 정도는 기다려달라 하고 남자에게 노력을 하게 만드는 것이 중요하다. 물론 기다려주지 못하고 떠나는 남자도 있다. 그런 경우 좋지 않은 남자라 생각하고 잊으면 된다. 하지만 3개월 정도 남자가 노력을 하게 되면 남자는 속으로 이 여자는 정조 개념도 있고, 쉬운 여자가 아니기 때문에 괜찮은 여자라고 생각한다. 심지어는 머릿속으로 미래까지 생각하는 남자도 있다.

연애가 힘든
당신에게

진심으로 남자에게 사랑받고 싶다면 연애가 이런 원리로 전개된다는 것을 이해해야 한다. 여기서 남자를 알고 깊이 이해하면서 대처해 나가는 것이 행복한 연애를 만드는 것임을 알아야 한다.

이 세상에 모든 남자는
다리파! 가슴파!
밖에 없다

.
.
.

    연애 경험이 없거나 아직도 남자에 대한 환상이 많은 여자는 진심이 중요하다고 생각한다. 틀린 생각은 아니다. 진심은 중요하다. 경우에 따라서 절대적이고 숭고하고 종교처럼 거룩한 느낌도 있다. 그런데 애석하게도 진심은 눈에 보이지 않는다는 것이 문제다.

    남자의 눈에는 여자 외모가 먼저 보이고, 그다음 진심이 보이고, 나머지 배경과 조건이 보인다. 극단적으로 말하면 날씬한 여자 또는 취향에 따라 가슴 큰 여자를 좋아한다. 필자가 이런 이야기를 하면 너무 세속적이며, 어떻게 숭고한 사랑을 이렇게 싸구려처럼 말하나 의문을 제기

할 것이다.

물론 대화가 잘 통하고, 비슷한 생각을 한다든지 취미, 관심사, 가치관이 잘 맞는 여자를 선택하는 남자도 있지만 이러한 남자들은 여자의 시각으로 볼 때 많이 없다는 것이 문제다. (취향마다 조금씩 다르겠지만) 대부분 남자는 여자의 얼굴 외모를 보며, 다리랑 가슴밖에 없다.

외모에 신경을 잘 쓰지 않고 관리를 잘 하지 않는 여자들이 이 책을 보면 살짝 기분이 나빠질 수도 있다. 여기서 필자가 이런 말을 하는 이유는 남자가 여자를 선택하는 기준을 외모로 정하기 때문에 외모 관리성을 강조하고자 하기 위함이다.

물론 남녀가 사귀고 연애에서 결혼까지 가기 위해서는 여러 가지 요소가 맞아야 사랑하고 결혼까지 갈 수 있다. 예를 들어 여자의 직업이나, 남자를 대하는 태도, 여자의 요리 실력, 또는 학력도 고려될 수 있다. 하지만 이러한 것들을 선택하고 결정하는 데 있어 가장 먼저 남자가 생각하는 것이 외모라는 것이다.

만약 외모에 자신이 없거나 외모 관리를 잘하지 않는 여자라면 어떻게 해야 할까?

답은 간단하다. 자신에게 맞는 남자를 많이 찾아봐야

한다. 소개팅도 많이 하고, 더 많은 남자를 만나면서 자신에게 맞는 남자를 찾아야 한다. 그래도 없으면 마음에 간절함이 생겨 열심히 운동해서 몸매를 관리하거나 성형을 하고자 하는 의지도 생길 것이다.

그렇다고 해서 얼굴을 꼭 성형해야 한다는 말은 절대 아니다. 사람의 외모는 잠시 한발 물러서서 생각해보면 이해하고 수용할 수 있다. 이 말인즉 세상에 잘나고 예쁘게 안 태어나고 싶은 사람이 어디 있겠는가? 외모는 부모님이 만들어 주셨기 때문에 차분하게 생각하면 한발 물러서고 양보할 수 있다. (그래도 외모 관리를 안 한다는 것은 매우 치명적인 것이다.)

어떤 남자는 몸매 관리를 잘하는 여자가 부지런함의 척도라고 주장하는 남자들도 있다. 앞서 남자는 날씬한 여자를 좋아하거나 가슴 큰 여자를 좋아한다고 했다. 예를 들어 수술하기는 싫고 몸매만 관리하고자 한다면 죽어라 운동해서 날씬한 몸매를 만들 수 있지 않을까? 날씬한 여자를 좋아하는 남자가 많으니 자신에게 맞는 관리법을 찾고, 또 자신의 외모를 좋아하는 남자를 찾는 것도 연애의 방법 중 하나다.

마음에 드는 남자를
잘 선택하자

.
.
.

　시중에 연애와 관련된 책들이 많이 있다. 여자를 유혹하는 방법부터 여우처럼 남자 꼬시는 방법, 현명하게 공주대접받아 가면서 연애하는 방법까지 말이다. 그뿐만 아니라 인터넷 카페, 블로그, 유튜브까지 많은 매체를 통해서 연애 사설을 풀고 가르쳐 주기까지 한다.

　어찌 보면 성경책은 하나인데 순복음, 장로, 감리, 침례, 여러 파로 나누어진 기독교처럼 연애도 가끔 여러 가지 방법론들이 저마다 신봉하고, 그것을 주장하는 사람들이 마치 여러 종파로 나누어진 종교처럼 느껴질 때도 있다.

　결국은 남녀가 만나서 사랑을 하는 건데 세상에는 사랑

을 하기 위한 연애 방법이 너무 많이 있는 것 같다. 필자는 연애 상담 일을 하면서 멀쩡한 여자들이 이상한 남자를 만나서 고생할 때, 가장 많은 생각이 든다. 그냥 단순히 이상한 남자 만나서 고생하는 것이 아니라, 한마디로 나쁜 남자를 만나서 헤어나오지 못하고 이용당하고 덫에 빠진 여자들이다. 좀더 구체적으로 말하면 돈 빌려주고, 보증 서주고, 또는 1년에 5~6번씩 낙태하고, 심지어 상습적으로 바람을 피우는 데도 그 남자를 끊어내지 못하고, 밤에 부르면 자다가도 택시 타고 가는 여자들이다.

얼핏 보면 이런 여자들이 바보 같고 멍청해 보이지만, 다 서울에서 4년제 대학교 나오고 번듯한 직장에 다니는 여자들이 대부분이다. 그렇다면 왜 나쁜 남자를 끊어내지 못하고 계속 만나는 걸까? 이유는 그들 생각 속에는 남자가 자신을 진심으로 사랑한다고 믿고 있기 때문이다.

자신을 끊임없이 희생하고, 오로지 남자에게 잘해주면 언젠가는 내 마음을 알고 사랑해 줄 것이라는 헛된 기대를 하는 것이다. 이런 경우 자신이 믿고 사랑했던 남자가 다른 여자와 결혼하거나 아니면 잠적하거나 사라지는 순간 정신 차리게 된다. 그때는 사귀는 동안 상대에게 헤준 것에 대한 피해 의식과 분노밖에 남지 않는다.

그렇다면 왜 나쁜 남자를 만나서 마음고생하는 것인가? 처음에 그가 좋은 남자인지 아닌지 구분할 수 없기 때문이다. 더군다나 처음 연애를 시작할 때는 좋은 모습만 보다 보니 그 남자를 특별하게 생각하고, 많이 좋아할수록 남다른 의미를 부여해 버린다. 또한 여자의 심리 구조상 한번 사랑하면 자신의 모든 것을 희생해서 그 사랑을 지켜야 한다는, 그야말로 한국인의 착한 콤플렉스가 작용해서 한 남자를 사랑하는 순간 맹목적으로 그에게 희생하는 것이다.

필자는 지금껏 심리연구소에서 나쁜 남자 연애 사례를 수도 없이 많이 들었기 때문에 사랑하는 만큼 사랑을 병들게 하고 힘들게 한다는 것을 누구보다 잘 알고 있다. 그렇다면 도대체 연애의 방법과 기술은 어디서 익히며, 어떤 때 사용하고 남자를 어떻게 대하는 것이 좋을까?

물론 남녀가 사귀기 시작되면 서로 편안하게 해주면서 마음이 얻고자 하는 것이 정상적인 사고방식을 가진 사람에게는 통하지만, 나쁜 남자에게는 아무리 편안하게 해주고 몸 주고 마음 줘가면서 최선을 다해도 소용이 없다.

그래서 처음 연애를 시작할 때 마음의 기준을 정하는 것이 매우 중요하다. 예를 들어 이 사람과 3개월 또는 6개월 사귀어 보고 잘 맞으면 계속 만나고, 안 맞으면 헤어진다는 생각을 처음부터 염두에 두고 사귀면 좋다. 또한 정해놓은 기간 안에 구체적인 항목을 정해놓는 것도 좋은 방법이다. 예를 들어 욕을 하거나, 여자 문제를 일으키거나, 술 마셔서 개소리하거나, 길바닥에서 자거나, 아무리 착하고 순하다 할지라도 운전할 때 욕한다든지, 툭하면 막말한다든지 자신의 가치관과 소신에 맞게 기준을 정하는 것이다. 물론 말처럼 쉽게 헤어지기 어렵지만, 평소 자신이 정해놓은 기준에 따라 생각한다면 헤어질 때 그렇게 어렵지 않다.

그렇다면 연애 방법 중에 가장 뛰어난 기술은 무엇인가? 필자는 '괜찮은 남자를 잘 선택하는 것'이 정답이라고 생각한다. 정말 남자 보는 눈이 있다면 연애의 방법, 즉 밀당이나 기술이 필요가 없다. 좋은 남자라면 성실하고, 성격 좋고, 엉뚱한 짓 안 하고, 능력 있고, 자상한 남자가 아니겠는가? 문제는 이러한 남자를 볼 수 있는 안목이 없다는 것이다. 처음부터 확 끌리는 느낌이 아니라 할지라도 괜찮은 남자를 만나고 그 남자와 같이 있다 보면 좋아지게 되는 것이 사람의 원리다. 물론 같이 밥을 먹지 못하겠거나 나란히 길을 걸어갈 수 없는 남자라면, 소위 말해 여자들이 말하는 비호감 남자니까 안 되는 남자다. 하지만 이게 아니라면 여자는 그 남자와 사귀게 될 시 반드시 사랑에 빠질 수 있다. 그래서 소개팅을 했는데 지금 당장 느낌이 확 오지 않는다고 해서 냉정하게 끊어낼 필요는 없다. 그렇다면 좋은 남자인지 아닌지 어떻게 알 수 있을까? 그것은 자신의 느낌도 아니고, 어찌 보면 선견지명과 같은 인생 경험과 여러 가지 요소들을 기울여서 남자를 판단하는 것이다.

아무리 그래도 사람을 어떻게 알고 판단할 수 있을까? 필자는 자신의 수단과 방법은 총동원해서 그 남자의 부모님을 보라고 조언한다. 사람은 유전자로 구성되어 있다. 쉽게 말해서 남자는 부모님을 닮기 때문에 그 부모님이 그만큼 살면 그 남자도 똑같이 살 수밖에 없다. 그래서 어른들이 혈통과 가문을 보는 것이다.

예를 들어 소개팅을 했거나 호감을 느끼고 썸을 탔다면, 그 남자와 연락을 자주 할 것이다. 연락할 때마다 가족 이야기를 자주 해보자! "주말에 한 번씩 가족들이랑 외식해요." "오늘 우리집 대청소하는 날이에요." 이렇게 가족과의 친밀도를 말하고, 남자에게 "누구 씨는 가족들이랑 자주 외식하지 않으세요?"라고 질문했을 때, 자기 가족 이야기를 피하거나 잘 말하지 않으면 썩 그렇게 화목한 가

정은 아니라고 보아야 한다. 이런 남자는 여자와 깊어지거
나 결혼을 하게 되면 자기 가족을 돌보지 않는다.

맑은 물에 좋은 고기가 산다는 말이 있듯이 자기가 좋
은 남자를 만나려면 자신도 먼저 좋은 환경에서 활동하고,
좋은 여자가 되어야 한다. 여자에게 좋은 여자라는 것은
남자가 봤을 때 날씬하고, 자기 관리 잘하고, 밝은 옷 잘입
는 여자다. 물론 자신의 내면도 어느 정도 갈고닦아야 한
다. 하지만 앞서 말했듯 연애 초반 남자가 여자를 선택하
는 기준은 어디까지나 외모에 많은 비중을 둔다.

여자에게 있어 사랑 이전에 제일 중요한 것은 '안정'이
다. 안정은 좋은 환경에서 나오는 것이 대부분이다. 단순
히 자기 생각만 충만해서 가만히 있는 것이 아니라, 움직
이면서 자신이 원하는 것을 찾는 것도 방법 중의 방법인
것이다. 괜찮은 남자들이 어디에 많이 모이는지 그리고 어
디서 만날 수 있는지 깊이 고민해보기 바란다.

필자는 가급적 주말에 할일 없으면 온종일 강남에 좋
은 카페 가서 책을 읽어 보라고 권한다. 그곳은 미래를 위
해 투자하는 건설적인 남자들이 많이 모이는 장소. 필자
가 상담한 한 여성도 변리사 2차 합격한 남자들이 모인 장
소에 가서 범생이 같은 남자에게 볼펜을 빌려달라고 하고

감사하다며 커피를 사주고 핸드폰 번호를 물어서 사귀고 결혼한 사례가 있다.

연애는 자기 관리를 통해서 남자를 만나는 것이다. 괜찮은 남자를 만나려면 무턱대고 끌리는 남자를 만나는 것보다 현실적으로 또 중장기적으로 괜찮을 남자인지 아닌지 판단하면서 남자를 만나는 것이 행복한 연애를 하는 가장 좋은 방법이다.

기가 막히는
남자의
말과 행동들

·
·
·

　연애를 처음 시작할 때 누구나 서로에게 잘해준다. 자상하게 대해 주고, 재밌는 이야기로 항상 웃겨주고, 매너 있고, 돈도 많이 쓰고, 잘 기다려주고, 잘 데려다주고, 한마디로 헌신하는 모습을 보여준다. 그런데 이런 노력은 길어 봤자 20대에는 2~3년, 30대에는 1년 정도밖에 되지 않는다. 잘 알다시피 처음에는 노력과 열정을 다하면서 연애를 하지만, 시간이 지남에 따라 사람은 조금씩 순수함도 사라지면서 서서히 계산적으로 변하게 된다.

　특히 30대가 되면 이 시기부터는 순수한 미음보다는 간좀 보고, 찔러보는 연애를 많이 하게 된다. 원래 남자에게

연애가 힘든
당신에게

연애라는 것은 결론적으로 여자와 자는 것이기 때문에 굳이 노력하고, 돈 쓰고, 신경 쓰고, 집중하는 것 자체가 다 귀찮아진다. 그래서 나이 들수록 노력하는 과정을 다 생략하고, 잠만 자면 연애에 대부분이 만족했다고 생각하는 것이 남자의 사고방식이다. 이것은 여자들이 집 데이트를 싫어하는 이유 중 하나이기도 하다.

요즘 남자들이 결혼을 안 하는 가장 큰 이유 중 하나가 사귀고 있으면 결혼한 것이나 마찬가지기 때문에 굳이 결혼할 필요성을 느끼지 못한다는 것이다. 여자는 결혼이 사랑이고 로맨스라고 생각하지만, 남자한테 결혼은 엄청난 돈과 대출, 그리고 책임감이라는 단어가 연상된다. 지금 연애를 하고 있는데 굳이 엄청난 돈과 빚을 지면서 결혼을 해야 할까? 지금 당장 결혼을 해야 할까? 대다수의 젊은 남자는 이러한 생각을 한다.

정말 이 여자 빨리 잡지 않으면 놓칠 것 같다는 생각이 들어야만 결혼을 생각한다. 이러한 것들이 아니라면 남자는 끊임없이 계산한다. 이 여자와 결혼하면 잘 먹고 잘살 수 있을까를 계산하기 때문에 금전적 여유가 있지 않은 이상 결혼하기 힘든 세상이 와버렸다. 2~3년 전부터 남자들 사이에서 '가성비 여친'이라는 신조어가 유행했다. 가성비라는 말은 적은 돈에 큰 효과를 본다는 뜻이다. 대부분 물건에 적용시키는 말인데, 여자친구에게 '가성비 여친'이라고 칭한다는 건 얼마나 남자들이 계산적이고 이해득실을 따지는지 엿볼 수가 있다.

20대 초반에는 순수한 열정과 노력하는 모습을 보이지만, 30대 이후부터는 속을 알 수 없을 정도로 이상한 말을 많이 하게 된다. 그 의도를 잘 파악해서 미리 대처하고, 남자의 속마음을 아는 것이 연애를 지혜롭게 하는 방법이다. 보통 남자들의 말은 대부분 여자를 지배하거나, 움직이게 하려고 하는 말이 대부분이다.

예를 들어 연애기간이 3년이다. 남자 나이 33살, 여자 나이 32살. 남자는 아직 모아둔 돈이 없어서 앞으로 5년 후 결혼할 수 있다고 여자에게 말을 한다. 이 말은 5년을 기다려달라는 뜻이겠는가? 아니다. 이 말뜻은 언제든지 헤어져도 된다는 뜻이다. 5년 후 결혼할 수 있다는 말을 얼핏 잘못 들으면 여자는 '5년 기다려주면 결혼할 수 있지 않을까?'라는 순진한 생각을 할 수도 있다. 그런데 남자는 대놓고 직설적으로 헤어지자 말하면 여자가 상처받으니까 이런 식으로 변명 아닌 핑계로 둘러대는 것이다.

남자는 왜 바로 헤어지자 말하지 못할까? 3년을 만났고 헤어지자고 하면 여자에게 미안하기 때문이다. 그래서 최대한 상처주는 것은 원치 않는다. 조심스럽게 서서히 헤어지고자 하는 것이 남자의 의도다. 원래 남자는 솔직하게 말하지 않는다. 솔직하게 말하면 여자가 상처받기 때문에 최대한 조심스럽게 말하면서 헤어지려고 한다.

또한 연애 초반 이러한 말을 하는 남자들이 있다. "나는 이상하게 스킨십도 빨리 하고 그래야 그 연애가 오래가고, 여자가 더 좋아지고 사랑스러워지는 것 같아!" 이 말 또한 빨리 스킨십만 하려고 하는 의도, 즉 여자를 움직이게 하려고 하는 의도다.

또 만나면 "항상 나는 성격이 급하다." "빨리 결정하고 빨리 결과를 보는 것을 좋아한다." 이 말 또한 사람을 조급하게 만들면서 빨리 스킨십하려고 하는 의도다. 이러한 말들은 흔히 남자들이 노력하지 않고, 빨리 섹스하려고 하는 말이 대부분이다.

그렇다면 정말 진심이고 다른 의도를 가졌는지 어떻게 알 수 있을까? 방법은 좀 시간이 걸리더라도 일관된 행동을 보여주면 알 수 있다. 가령 남자가 5년 후 결혼을 할 수 있다고 말했을 때, 이 말이 진심이라면 매주마다 한결같이 데이트하고, 돈도 잘 쓰고, 개월에 한번씩 여행도 가고, 심지어 자기 집에 자주 데리고 가서 기념일날 가족들과 식사하고, 자기 통장에 모아둔 돈 다 오픈하고, 여자를 위해 일관된 행동을 보일 것이다. 노력하는 행동을 보인다면 남자는 진심이다.

반대로 남자가 5년 후 결혼할 수 있다 말해 놓고, 잘 만나지도 않고, 여행도 가지 않으며, 여자를 자기 집에 한 번도 데리고 가지 않고, 부모님에게 인사도 시키지 않으며, 말만 사랑한다. 보고 싶었다 하면서 카톡 답장도 늦게 하는 경우 정말 이 남자랑 5년 후 결혼하겠다는 확신이 생기겠는가?

남자의 진심은 말이 아닌 행동이다. 이 세상에 제일 쉬운 것은 말이다. 말은 얼마든지 포장하고 거짓말로 상대를 속일 수 있지만 행동은 무조건 시간과 돈을 투자하기 때문에 노력해야 한다. 그래서 남자가 여자를 진심으로 사랑한다면 말이 아닌 행동으로 보이는 것이다. 그런데 애석하게도 여자는 남자의 말빨에 잘 속는다. 또 말만 잘하면 착하게 보이고 모든 게 다 잘 될 것처럼 느껴진다. 이러한 착각과 감정적인 것에 벗어나 객관적으로 남자가 했던 말을 행동으로 실행하는지 잘 지켜보아야 한다. 무턱대고 남자에게 빠지는 것이 아니라, 남자가 했던 말과 행동을 잘 지키는지 보면서 마음을 여는 연습을 해야 한다.

남자가
정확히 사귀자고 말 안 하면
사귀기 싫은 것이다

.
.
.

예를 들어 여자가 보기에 괜찮은 스타일의 남자가 있다. 키는 180cm 이상, 직업은 대기업, 성격은 밝고 자상하고, 얘기 잘 들어주고, 노래도 잘 부르고, 웃는 모습도 잘 생겨 보이고, 더군다나 옷도 잘 입는다. 이런 훈남은 보면 볼수록 호감도 생기고, 나를 제외한 다른 여자들에게도 인기가 많을 것이다.

밤늦게까지 술을 마시면서 분위기도 좋아지고, 점점 묘한 분위기로 무르익어간다. 이때 남자가 던지는 한마디 한마디가 가슴 설레게 한다. "오늘따라 더 예뻐 보인다." "우리 계속 이렇게 연락하고 만나니까 더 가까워지고 좋아지는 느낌이다." 여자는 남자가 '우리'라는 말을 사용하니 곧 사귈 것 같은 느낌도 들고 '나를 좋아하고 있나 보다.' 착각하고 생각이 많아진다. '지금 이 남자와 썸타는 중이지!' '이 남자도 나한테 호감 있나 봐!' '이 사람 곧 나한테 고백할 것 같은데.' '나도 이 남자가 좋아지는데, 이 남자도 나와 똑같은 생각을 하나 봐!' 이런 식으로 설렘이 커지면서 마음이 성급해지기 시작한다.

결정적으로 남자가 말을 던진다. '○○씨, 나는 오늘 ○○씨와 더 깊어지고 싶어!' 이 말뜻은 '같이 자자'는 말이다. 앞서 남자는 여자의 심리를 움직이는 말들을 많이 한다고 했다. 여자가 이미 썸타고 있는 중이라고 착각하고 있는 상태라면 남자가 무슨 말을 해도 웬만하면 다 먹힌다. 예를 들어 "나는 성격이 급해서 빨리 확인하고 결과를 보아야 한다(이 남자는 성격이 급하다고 하니 이 사람과 같이 있어 주고, 말 잘 들어 주어야겠다).""나는 연애 초반 여자랑 빨리 스킨십도 하고, 자고 나면 그 여자가 예쁘고 사랑스럽더라(이 남자랑 빨리 가까워지려면 스킨십도 하고 자야겠다)." 이런 말로 여자를 유혹한다.

여기서 남자가 더 좋아졌거나 술이 조금 취한 상태의 여자라면 관계 설정 안 하고 대부분 섹스를 하게 된다. 물론 여자는 엔조이라고 전혀 생각하지 않는다. 남자도 나에게 호감이 있고, 나도 관심이 있으니까 당연히 이렇게 만나서 사귈 것이라고 생각하고 섹스하는 것이다. 하지만 이런 남자와 자고 나면 사귀기 정말 어렵다. 왜 그럴까? 대부분 이런 남자들은 사귀지 않고 잠만 자기 위한 목적으로 여자에게 접근했기 때문이다. 이런 남자들이 정말 많은데, 이런 남자 만나서 고생하는 여자들이 필자의 심리연구소를 많이 찾아온다.

그렇다면 왜 남자는 먼저 정확하게 "사귀자"는 말을 안 하는 것일까? 그 이유는 큰 틀에서 두 가지 이유가 있다. 보통 사귄다는 건 서로가 서로를 독점하는 관계다. 즉 이 말은 나 말고 다른 여자를 만나지 못한다는 뜻이다. 나를 만나게 되면 다른 여자를 만날 수 없기 때문에 관계 설정을 하지 않는 것이다. 또 하나는 책임감이다. 한국 남자들은 정서적으로 여자를 사귄다면 사귀는 동안만큼은 일정 부분 책임감이 뒤따른다. 말 그대로 사귄다는 것은 자연스럽게 남자 입장에서 부담감이 생길 수밖에 없다.

사귀면 통상적으로 하는 것들이 있지 않은가? 아침에 "굿모닝" 인사부터해서 점심 때 "밥 맛있게 먹어!" 저녁에 30분에서 1시간 정도 통화하고, 1주일에 1~2번은 만나야 하고, 영화도 보고, 맛집 가서 밥도 먹고, 또 때 되면 여행도 가야 하지 않을까? 이러한 것들이 남자 입장에서는 시간과 돈과 노력을 투자해야 할 수 있는 행동들이다. 그런데 사귀지 않는 상태라면 가끔 만나서 밥 먹고, 술 마시고, 모텔 가서 잠자는 것밖에 없다. 가끔 달콤한 말로 유혹하면 여자는 사귀고 있다는 착각을 하기도 한다. 착각하게 해야만 계속 잘 수 있기 때문에 사귀지는 않고 썸타는 관계를 유지한다. 이런 관계는 책임감이 따르지 않는다. 남자에게 우리 어떤 사이냐고 물으면 다 피해 가는 말들만 할 뿐이다.

예를 들어 전날 잠을 자고 나서 "우리 어떤 사이야?" "앞으로 어떻게 할 거야?" 하면 남자는 뭐라고 답하겠는가? "좀 더 만나보고 싶다." "좀 더 알아가자." "시간이 더 필요하면 좋을 것 같다."고 말한다.

속된 말로 잠까지 잤다면 사귀어야 하는 것 아닌가? 그런데 남자에게 직접적으로 말하면 "나는 지금껏 사귀자 하고 사귀니까 이상하게 연애가 오래가지 않고 빨리 헤어지는 것 같아서 그 말하기가 섣불리 용기가 나지 않아!" "사귀자고 하면 빨리 헤어지고, 현타(현실 자각 타임) 오는 것 같아서 그런 말을 잘하지 않는다."고 이상한 개소리를 한다. 전부 다 핑계와 변명일 뿐이다. 어떤 사람은 "사귀자는 말이 뭐가 그렇게 중요해? 그냥 이렇게 잘 만나다가 나중에 결혼하면 되지 않아?" "나는 지금껏 여자 만나면서 사귀자는 말 안 하면서 만났는데, 넌 왜 그렇게 사귀자는 말에 집착하는지 모르겠다"면서 오히려 여자에게 면박을 준다.

얼핏 들으면 다 남자에게 맞는 말처럼 들리고 자기 소신이라고 생각하지만, 한마디로 개소리라고 생각하면 되는 것이다. 그냥 정확하게 관계 설정 안 하고 섹스하면서 만나다가 나중에 딴소리 한다. "나는 너 잘 만나보려고 했는데, 우리가 자꾸 싸우고 그래서 잘 맞지 않는가 봐!" 이런 소리하면서 회피하고자 하는 목적인 것이다.

남자가 사귀자고 말 안 하는 것은 한마디로 사귀기는 싫다는 것이다. 이런 남자의 마음을 잘 모르고, 마냥 그 남자가 좋아서 시간 낭비하는 여자들이 한둘이 아니다. 어떤 여자들은 진심으로 내가 잘해주면 남자 생각이 바뀌지 않을까? 하면서 헌신하고 잘해주고 기다리는데, 필자의 경험상 열에 아홉은 잘 변하지 않는다. 가장 좋은 방법은 말이 아니라 사심 없이 순수하게 정말 잘해주다가 갑자기 연락을 끊는 것이 제일 효과적인 방법이다.

남자의 핸디캡을
알고 이용하자

.
.
.

    자기 외모에 자신 있다면 굳이 노력하지 않아도 남자들이 먼저 다가올 것이다. 중국의 옛 성인 노자가 말했다. 지극히 아름답고 예쁜 것은 위험함이 따른다. (노자가 편작 선생님의 의술을 보고 주변에서 질투와 시기를 해서 죽였기 때문에 했던 말입니다.) 속된 말로 여자가 예쁘면 남자들은 가만히 두지 않는다. 슈베르트Suehubert 가곡 들장미(월계꽃) 내용처럼 소년은 그 꽃을 꺾어버릴 것이다.

    필자가 전달하고자 하는 내용은 잘나고 예쁜 여자들을 위해 하는 말이 아니다. 그냥 평범한 여자들이 지녀야 할 연애 필살기를 설명하고자 함이다. 대부분 여자들이 나이가 들면 조급함 때문에 연애 전 결혼 얘기를 구체적으로 대놓고 말한다. "나는 결혼 생각 없는 남자, 진지한 만남을 원하지 않는 남자와는 사귈 마음이 전혀 없다!"

필자는 이런 말을 하는 여자들에게 한마디 해주고 싶다. 자신이 정말 배우 수지 씨가 아니라면 남자가 처음부터 진심으로 결혼하자고 말하지 않을 것이다. 물론 초반에 섹스를 목적으로 결혼을 말하는 남자들이 있겠지만, 절대 진지하지는 않을 것이다. 남자가 결혼을 말하기 전까지는 결혼이나 미래에 대한 진지한 생각은 숨기는 것이 좋다.

20대 후반부터 남자들이 선뜻 다가오지 않은 이유는 자신이 빨리 결혼하고 싶어하는 생각을 내비치거나 결혼 생각 없는 남자와 사귀지 않을 것이라는 분위기를 주변에 흘렸기 때문이다.

자, 정말 자신이 예쁘고 잘나면 쉽게 해결될 문제겠지만 연애라는 것은 얼굴 외적으로 내면의 세계, 즉 마인드도 중요하다. 그렇다면 연애 중이거나 만나는 남자를 확실한 내 남자로 만드는 방법이 무엇이 있을까? 그것은 바로 상대방의 열등감과 핸디캡을 품어주어야 하는 것이다. 연애는 외모로 밀어붙이는 방법이 있고, 그것이 아니라면 자기 내면의 세계로 상대를 감동하게 하는 것밖에 없다.

필자는 후자에 대해 말하고자 한다.

인생을 조금 살아보고 많은 사람을 만나다 보면 다 거기서 거기다. 모든 것을 다 갖춘 사람은 이 세상에 없다. 최소한 2~3가지 문제를 안고 살기 마련이다. 말을 안 해서 그렇지, 사람의 삶을 깊이 파고 보면 최소 몇 가지 아픔과 어쩔 수 없는 운명으로 받아들이고 사는 사람들이 많이 있다. 인생은 원래 그런 것이다. 유명 코미디언 찰리 채플린Charles Chaplin도 "인생은 가까이서 보면 비극이지만 멀리서 보면 희극이다"라고 말했다.

남자의 핸디캡은 어디에 있을까? 큰 틀에서 보면 외모, 학력 두 가지다.

먼저 외모는 키, 대머리, 염증성 여드름 피부로 나누어 본다. 키. 예전에 방송에서 어떤 여자가 남자 키 180cm이 안되면 루저라고 했는데, 예를 들어 남자 키가 170cm다. 그런데 이 남자가 너무 마음에 들어서 내 남자로 만들고 싶다면 어떻게 말해야 좋을까? 간단하다. "나는 남자 키 안 본다!" "키는 나보다만 크면 된다!" 역사서 사기史記에도 사위지기자사士爲知己者死라고 '자신을 알아주는 사람에게 목숨을 바친다'는 뜻의 고사성이 있다.

대머리. 여자들에게 대머리는 정말 소화할 수 없는 영

역인 것 같다. 사귀다가 조금씩 빠지면 모를까. 처음부터 대머리에게 마음을 열지 않는다. 지금 필자가 말하려고 하는 것은 처음부터 머리카락이 다 빠진 남자를 말하는 것이 아니라 사귀면서 조금씩 빠지는 남자들에 관해서다. 보통 열등감 있는 남자는 자신의 외모에 관해서 괜찮은지 확인받고 싶어 한다. 대화해보면 바로 알 수 있다. "나 배 많이 나왔지?" "나 머리스타일 괜찮아?" "나 요즘 머리카락이 더 많이 빠지는 것 같아?" 이럴 때 어떻게 말하면 좋을까? 나중에 심으면 된다고 말하는 여자가 있는데, 그렇게 말하면 현재 빠지고 있다는 것을 확인시켜 주는 말이기 때문에 더 많은 상처를 주는 것임을 알아야 한다. 그냥 "괜찮은데." "아무렇지 않은데!?" "나는 사람이 멋지면 머리 빠진 사람도 고급스럽더라. 알랭 드 보통 Alain de Botton 봐." 이렇게 말하면 얼마나 여자가 예뻐 보이고 사랑스럽게 보이겠는가?

염증성 여드름 피부. 이 또한 받아들이고 소화할 수 있는 여자들이 많이 있을지 모르겠다. 하지만 받아들인다면 정말 대인배로 칭해야 한다. 여드름 많이 난 피부, 금방이라도 고름 터질 것 같은 여드름 피부, 여자들이 정말 싫어한다. 여자는 사귀기 전 저 남자와 키스할 수 있을까? 많은 상상을 하는데 키스하다가 여드름이 퍽 하면서 터지기라도 한다면! 상상도 하기 싫을 것이다.

이런 남자에게는 아무 말 안 하는 것이 위로하는 것이다. 얼평(얼굴평가)하거나 피부에 관해 조금이라도 언급하면 상처받는다.

두 번째는 학력 또는 직업이다. 술을 마시거나 진지한 대화를 할 때 남자는 "나는 많이 배우지 못해서 (또는 대학에 가지 못해서) 한계를 느끼는 것 같다!" 이런 식으로 진솔한 얘기를 할 때가 있다. 그럴 때 현재 모습에 칭찬해주면 된다. "요즘 대학 나오고 박사 학위가진 사람도 많이 놀고 있는데, 오빠는 오빠 일에 최선을 다하고 열심히 살고 있잖아! 나는 많이 배운 사람보다 오빠처럼 부지런하고 성실한 사람들이 더 좋다."

사람은 말 한마디에 많은 위로와 정을 느낀다. 그런데 힘이 되는 말보다 조언하는 여자들이 있다. 그 조언이 남자에게 상처가 되는 경우가 있다. "지금이라도 대학가." "주말에 토익 학원을 다녀." 등.

솔직히 이런 말 들으면 남자가 모를까? 처음은 모르겠지만 남자는 '자신의 지금 모습에 만족하지 못하는구나'라고 생각한다. 핸니캡을 품어주리고 해서 도박 중독이나 알코올 중독을 이해해주고 받아주라는 뜻은 절대 아니다.

연애가 힘든
당신에게

중독은 겪어보면 여러 사람을 피해주고 힘들게 한다. 처음부터 안 만나는 것이 나중에 상처 안 받는 길임을 깨달아야 한다.

2장

썸남을
확실한 내 남자로 만드는
협상의 기술!

어디서
어떻게 만났는가가
중요하다

．

．

．

　〈사람이 꽃보다 아름다워〉라는 대중가요 노래 가사처럼 사람은 항상 기쁨을 생각하고 긍정적이고 꿈을 향해 나아가고 밝고 좋은 생각을 하는 존재지만, 그 반대로 우리 사람은 복잡하고 머리 아프고 모순적이고 부정적이고 불안한 생각을 하는 존재이기도 하다.

　일반적으로 사람에게 안 좋은 감정이 큰 틀에서 두 가지가 있다. 하나는 우울감이고, 또 하나는 불안감이다. 먼저 우울감은 과거에 받았든 안 받았든 안 좋았던 기억과 기분 상처들이다. 이러한 것들이 시시때때로 불쑥불쑥 생각나면서 기분을 다운시키는 것이다.

반대로 불안감은 미래에 연관된 것들이다. 예를 들어 내일모레 회사에서 나가라는 권고사직을 당했거나, 가족이 시한부 선고를 받았거나, 아니면 갑자기 집 주인이 전세금을 올려 달라고 하면 불안해지기 시작한다. 항상 긍정적이고 밝고 좋은 것만 생각하면 좋겠지만, 사람은 우울하고 부정적인 생각도 한다. 또 어떤 상황에서는 안 좋은 기억들이 상기될 때가 정말 많이 있다.

　필자의 심리연구소에 상담 받으러 오는 사람들 중 간혹 인생이 뭐냐고 묻거나 사람은 왜 이렇게 복잡하냐고 질문하면, 원래 모든 사람은 다 그렇다고 답한다. 이러한 부분을 자세하게 설명해주면 내담자들은 본인만 기분이 왔다 갔다 하는 줄 알았고, 이러한 감정 상태가 뭔가 이상하지 않을까 걱정했다고 한다. 필자와 상담을 통해 그때서야 비로소 안심하는 기색을 보인다. 우울감과 불안감에서 출발하는 알 수 없는 감정들은 특정한 사람에게 해당되는 것이 아니라. 모든 사람에게 다 해당되는 내적인 부분이다.

　또한 사람은 혼자 있을 때, 특히 밤이 되면 끊임없이 자신의 과거를 생각하고, '그때 좀 잘할 걸! 그때는 내가 왜 그랬을까!' 하면서 많은 후회를 한다. 사람은 혼자 있을 때 자신의 과거와 끊임없이 투쟁하는 존재들인가 보다.

연애가 힘든
당신에게

예를 들어 100년 전 우리 대한민국은 일제 강점기였다. 100년이 지난 지금 이 시점 삼일절, 광복절에 우리나라 지식인들이 일본에 한결같이 하는 말이 있다. 그 말은 "사과해라!" 이 말이다. 어떻게 보면 쿨하게 넘어갈 수도 있는데, 계속해서 사과하라고 말하는 이유는 끊임없이 과거와 투쟁하는 존재이기 때문이다. 알고 보면 사람은 뒤끝이 많은 존재다. 필자가 이러한 말을 하는 이유는…

남녀 사이에도 가장 중요한 것은 어디서 어떻게 만났는가가 제일 중요하다는 것이다. 왜냐하면 사람은 처음 만났을 때 그 느낌, 분위기, 그리고 당시 가치관들이 서로에게 많은 영향을 미치기 때문이다. 이 말뜻은 가령 남자친구를 클럽에서 같이 춤추다가 만났다고 하자. 서로 외모상으로 내 스타일이고, 또 놀다가 만났기 때문에 그 순간 재미있고 단순히 좋아서 만났다. 그리고 거기서 놀다가 서로 번호 교환해서 그다음 날부터 연락해서 만나기로 시작했다. 이러한 만남은 현실에서 흔히 일어나는 일들이다. 처음은 만난 장소가 꺼림칙하고, 서로가 색안경을 쓰면서 좀 이상하다고 생각은 하지만 내심 드러내지 않고 사귀기 시작하면서 "우리 앞으로 클럽은 가지 말자"고 말을 한다. 그런데 이러한 서로의 다짐과 약속을 잘 지킬 것이라고 생각하는가? 물론 겉으로는 믿지만, 속으로는 내심 불안하기 마련이다. 연애 초반은 좋은 시기라 서로 잘 통하고 단점이 보이지 않지만, 최소 3개월 이상 지나고 서로를 알고 익숙해지면 설렘도 사라지고 권태기가 온다. 그럼 무슨 생각이 들겠는가? 사람은 혼자 있을 때 끊임없이 자신의 과거를 돌아보는 존재라고 했다.

갑자기 연락이 원활하게 잘 안 되거나 사이가 안 좋아지면 불쑥 '저 새끼 또 클럽 간 것 아닐까?' 이런 생각이 먼저 든다. 한번 연락이 되지 않아 의심하기 시작하면 꼬리에 꼬리를 물고 불안해지기 시작한다. 남자친구가 클럽에 가지 않았다 하더라도 자신도 모르게 카톡이나 전화를 많이 하게 된다. 이런 상태가 되면 이미 엎질러진 물처럼 많은 실수를 해버린 셈이다. 그런 모습을 본 남자는 "전화를 한번 안 받으면 부재 확인하고 전화하겠지 생각하고 기다려야지. 왜 미친 듯이 전화했냐"고 여자에게 면박을 줄 것이다. 사실 남녀 사이가 이 정도까지 오게 되면 두 사람 사이에 신뢰는 깨진거고 안 좋은 상태로 가는 것은 기정사실이다.

필자는 심리연구소가 강남역 부근이라 강남에서 오래도록 생활하고 있다. 가끔 새벽에 야식을 먹으러 나가면 간혹 희한한 광경을 목격하게 된다. 클럽 앞에서 여자가

연애가 힘든
당신에게

남자 뺨을 때리고 큰 소리로 "우리 여기 안 오기로 했잖아!"라며 싸우는 모습들이다.

이뿐 아니다. 앱에서 만난 경우도 비슷한 불안함을 느끼게 한다. 코로나 시국에 비대면이 활성화되면서 앱의 사용자가 많이 늘어나게 되었다. 앱에서의 만남은 좋은 만남보다 부정적인 만남이 더 많이 있다는 것은 누구나 다 아는 사실이다. 물론 건전하게 잘 만나서 잘 사귀고 좋은 결실을 거두어 결혼까지 가는 커플도 있지만, 대다수 앱에서의 만남은 빠른 스킨십 또는 섹스를 위한 목적을 갖고 접근하는 남자가 대부분이다. 이러한 남자들이 순수한 척 진지하게 만나는 척하는 것이 문제다. 처음은 대화도 잘 통하고, 외모도 괜찮고, 얘기도 잘 들어주니 괜찮은 것 같다. 왜냐하면 남자도 좀 자상한 척해야 여자가 관심 보인다는 것을 알기 때문에 처음부터 자신의 본색을 드러내지 않는다. 그냥 주변에서 볼 수 있는 평범한 남자로 가면을 쓰고 여자에게 다가온다. 이런 남자를 만나서 사귀고 사이가 깊어지면 어떻게 될까?

그냥 자연스럽게 잘 만나면 문제가 없겠지만 문제는 3개월을 넘기지 못한다는 것이다. 연락이 닿지 않아 서운한 기색을 보이면 남자는 "우리 만나는 것이 옳은 행동일까?" 아니면 "너하고 나하고 맞지 않은 것 같다"며 헤어지자고 말한 뒤 다시 앱에 접속해서 다른 여자를 찾으려고 한다. 이런 경우가 생각보다 정말 많이 있다.

흔히 남자 여자가 소개팅 또는 같은 직장에서 자연스럽게 일하다가 만나도 처음은 잘 맞고, 좀 지나면 익숙해지고, 조금 더 지나면 형식적이고, 권태기 오면 그때부터 서로의 차이점을 발견하고 갈등이 생기면서 자연스럽게 다툼이 일어나게 되어 있다. 남녀 관계에서 위기가 오면 서로 양보해야 할 것은 양보하고, 또 타협하면서 이해관계를 구하는 것이 보편적인 남녀 관계인데 앱 안에서 만남은 이런 게 잘 되지 않는다.

왜냐하면 서로서로 간접적으로 엮인 사람이나 싫든 좋든 매여 있는 환경이 없다. 사람은 생각 외로 체면을 중하게 여기기 때문에 주변 사람 눈치를 봐서 이별도 쉽게 못할 때도 많이 있다. 그런데 앱에서 만나면 남녀 사이에서 흔히 생기는 갈등이나 가치관이 맞지 않아 서로 사이가 나빠지면 쉽게 헤어지면서 자신의 본래의 모습으로 돌아가기가 너무나 쉽다. 앱에 또 접속해서 다른 여자 만나면 된다는 생각을 할 수 있다는 것이다.

필자가 상담할 때 제일 처음 묻는 질문이 있다. "두 사람이 어디서 어떻게 만났나요?" 앱이나 클럽, 나이트, 헌팅포차에서 만났다고 하면 안 좋게 헤어지는 것을 너무 많이 보았다. 상담 일을 10년 넘게 하면서 통계도 차곡차곡 쌓이다 보니 필자의 경험에서 결과가 예상되기 때문에 어디서 만났는지를 질문한다. 앞서 사람은 혼자 있을 때 자신의 과거를 많이 생각하는 존재라고 했다. 아무리 다짐하고 잘하려고 해도 처음 만난 곳을 쉽게 지울 수는 없는 것이 사람의 기억이다.

그가 정말
진심인지 엔조이인지
파악하자

·
·
·

　연애할 때 여자가 제일 많이 하는 고민은 무엇일까? 여러 가지가 있겠지만 필자가 그동안 상담한 여성들을 보면 큰 틀에서 두 가지다. 하나는 저 남자가 나를 사랑할까? 또 하나는 결혼할 수 있을까? 진심일까? 이러한 고민은 딱히 한 사람 개인에게만 국한된 것이 아니라 모든 여자에게 해당하는 고민이라고 보면 된다.

　사실 연애하면서 사랑받는다는 느낌을 받지 못하면 불안할 수밖에 없다. 왜냐하면 사랑받지 못하면 헤어지게 되는 것이 연애이기 때문이다. 그래서 이 불안감을 해소하기 위해서 여자는 남자에게 확인받기를 원한다. 대표적으로 연락이 원활하게 잘 되고, 또 남자가 애정 표현을 잘해주기를 원하는 것이다. 여자는 남자에게 사랑받을 때 항상 관심, 배려, 존중, 그리고 자주 만나서 같이 밥 먹고, 공원을 산책하며, 또 남자친구가 자기 얘기 잘 들어주는 것이 사랑받고 행복한 연애를 하고 있다고 생각한다. 하지만 문제는 이렇게 연애를 비슷하게 하면서 말로만 사랑하는 척 진심인 척하는 남자들이 생각 외로 많이 있다.

철학자 블레즈 파스칼Blaise Pascal이 "가짜가 있으면 진짜도 있다"고 말했다. 이 말은 명품 가방이 있으면 짝퉁 가방도 세상에는 존재한다는 뜻이기도 하다. 우리가 얼핏 보았을 때 명품인지 짝퉁인지 잘 구분할 수 없듯이 사귀고 있을 때도 이 남자가 진심인지 아닌지 구분하기 어렵다. 물론 전문가처럼 명품을 단번에 구별할 수 있는 안목이 있으면 좋겠지만 전문가가 아닌 이상 써봐야 명품인지 알수 있다. 즉 남자 또한 겪어봐야 아는 것이다.

그런데 사람은 애석하게도 겪어보기 전에 상대방을 좋아하고 사랑하게 되면 뭔가 특별하게 생각하고 환상을 갖게 된다. 한마디로 그를 미화하여 좋은 사람으로 단정 지어 버린다. "그 오빠는 정말 멋진 남자야!" "그는 다정하고 자상한 남자야!" "그런 남자는 두 번 다시 만나기 어려울 거야!" "내 생전에 기다리고 기다렸던 멋진 남자야!" 경우에 따라서는 소울메이트나 운명적인 사랑이고 만남이라고 믿어버린다. 정말 이런 남자들이 있으면 좋겠지만, 우리가 만나는 남자는 지극히 평범하고 다 거기서 거기인 남자들이다. 쉽게 말해서 친오빠가 특별하지 않듯이 그냥 우리가 만나는 남자는 주변에서 언제든지 만날 수 있는 남자들이다. 그런데 이런 남자를 특별하게 생각하거나 마냥 좋은 남자로 믿어버리게 되면 그가 진심으로 사랑하는지 아니면 엔조이인지 잘 구분하지 못하게 된다.

연애라는 것은 행복하기 위해서, 사랑받기 위해서 하는 것이다. 여자 입장에서는 남자가 나에게 노력하고 잘해주면서 마음을 열고 더 많이 사랑해야 하는 것이 원칙인데, 이러한 기준을 정해놓지 않고 단순히 상대를 멋지고 특별한 사람이라고 정해놓고 시작하게 되면, 이때부터 연애는 어려워지며 자기만 사랑하고 남자는 사랑을 주지 않는 뭔가 나만 손해 보는 느낌, 즉 갑을 관계처럼 느끼게 된다. 이 상태가 되면 연애가 어려워지며 기간도 오래가지 못한다.

그렇나면 진심 아니고 엔조이로 여자를 만나는 남자는 어떤 남자인가? 필자가 생각하기에 선천적으로 엔조이를 좋아하는 남자도 있겠지만, 대부분 엔조이를 이용하는 남자는 여자가 남자 버릇을 잘못들여 엔조이로 이용당한다는 것을 알려주고 싶다.

무슨 말이냐? 연애 처음에 남자가 했던 말들을 일관성 있게 잘 지키며 한결같이 여자에게 잘해주면 좋겠지만 이상하게 남자는 처음하고 다르게 변한다. 그 이유는 다름이 아니라 여자에게 긴장감이 사라져서 그런 것이다.

연애하면서 여자가 남자를 많이 사랑하게 되면 그때부터 남자는 생각이 변하고 마음이 식으면서 조금씩 변하게 된다. 했던 말과 약속을 지키지 않으려고 하고, 연락도 잘 안되고, 뭔가 귀찮아하는 경우도 많이 있다. 연애해본 여자라면 이러한 경험 누구나 해보았을 것이다. 이상하게도 대부분 남자는 인간성이 아무리 뛰어난 남자라 할지라도 여자가 더 좋아하고 사랑한다는 것을 느끼게 되면, 남자의 사랑은 식어버리게 되고 진심보다는 형식적으로 섹스만 하면서… 한마디로 엔조이처럼 변하게 되어 얄팍한 본성이 작동하게 된다는 것을 먼저 알아야 한다. 이 말인즉 처음 순수하게 좋아했던 여자도 자신을 너무 사랑한다는 것을 알게 되면 얄팍한 본성이 작동하여, 또 다른 여자를 만나고 싶다는 생각과 함께 지금 만나는 여자를 살짝 보험

용으로 두고 싶다는 뜻이다. 연인들 사이에서도 엔조이로 변하는 경우가 많이 있음을 알아야 한다. 그렇다면 어떻게 해야 하겠는가? 끊임없이 남자를 긴장하게 만들어야 한다. 너무 좋아하는 티를 내지 말아야 하고, 남자가 나에게 노력하게 만들어야 한다. 마음은 정말 그를 사랑하지만 겉으로는 다른 방향을 보고 있어야 한다. 또한 항상 여자라는 것을 느끼게 해주면서 남자를 편안하게 해주어야 한다.

자신이 어느 안정된 연애, 즉 남자와 계속해서 같이 있고 더 많은 사랑을 확인받으려는 순간 남자는 노력하지 않고 마음이 식는다는 것을 깨달아야 한다. 이것이 오늘날 연애의 한계다.

연애에서 남자 마음이 식으면 형식적으로 변하고, 습관처럼 굳어지며 엔조이로 변질될 수 있다. 건강한 연애, 그리고 정말 사랑받고 결혼하기 위해서는 이 책이 도움이 될 수 있을 것이다.

연애가 힘든
당신에게

될 때까지
'척'하자!

．
．
．

　여성 전용 카페를 운영해서 그런지 필자의 심리연구소는 대부분 여성들이 많이 찾아온다. 여성들이 자주 질문하는 것 중 하나가 "어떻게 하면 연애를 잘할까?"이다. 필자는 그럴 때 간단하게 말한다. 연애를 잘하려면 거짓말을 잘해야 한다. 거짓말을 잘하라고 해서 남을 속이고, 사기를 치라는 말이 아니다. 겉으로는 기분 나쁘고 힘들고 속상해도 자신의 솔직한 감정을 감추면서 아닌 척하라고 말한다. 언제까지? 될 때까지 척을 해야 한다.

　원래 사람은 신이 아니기 때문에 사람의 속을 들여다볼 수가 없다. 사람 마음속을 추측할 수 있다면 그 사람은 인생을 오래 살았거나, 아니면 사람을 많이 상대해 보았거나, 아니면 사람의 심리를 잘 아는 사람일 것이다. 하지만 그런 사람은 연애 상대로 잘 만나지지 않는다. 우리가 만나는 남자는 그냥 평범한 사람들이다.

그렇다면 왜 연애할 때 자신의 감정을 잘 감추고 숨기고 '척'을 해야 하는가? 연애 초반은 남자가 열정을 보이고 여자에게 가장 많이 노력하는 시기다. 이때 남자에게 습관과 패턴이 만들어진다. 그런데 만약 남자가 많이 좋아져서 더 사랑하게 된다고 했을 때, 그 마음을 솔직하게 다 표현한다고 해보자. 그러면 남자는 그때부터 노력하지 않는다. 왜? 남자는 여자가 자기를 더 좋아하고 사랑한다는 마음이 들면 다 이루었다는 생각때문에 게을러지게 되어 있다.

예를 들어 남자가 "자기는 너무 예쁘고 사랑스럽고, 자기 같은 여자 두 번 다시 만나기 어려울 것 같다. 자기랑 정말 결혼하고 싶어!" 이렇게 말하면 특별하지 않은 이상 여자도 "나도 자기가 너무 좋고, 멋지고, 나도 자기랑 빨리 결혼하고 싶어"라고 말한다.

그렇다면 남자는 속으로 어떤 생각을 하겠는가? 이 여자는 나에게 빠져있고 이제 더 이상 노력하지 않아도 되겠다는 마음이 저절로 생기게 된다. 왜? 사랑을 확인했기 때문이다. 연애가 어려운 이유 중 하나가 이런 상황을 솔직하게 다 표현해서 그런 것이다.

　그렇다고 남자가 "자기는 너무 예쁘고, 사랑스럽고, 자기 같은 여자 두 번 다시 만나기 어렵고, 정말 결혼하고 싶어!" 이렇게 표현했는데, 여자가 "나는 잘 모르겠어!" 또는 "나는 아직 자기가 좋지 않은데"라고 말하면 남자는 자기 혼자만 좋아하는 줄 알고 지쳐서 포기하고 떠나 버린다. 이별이 아니라 남자에게 애정도 확인하고 노력하게 만드는 방법이 무엇일까? 그것은 남자에게 가능성과 희망을 안겨주어야 하는 것이다.

> "자기는 너무 예쁘고, 사랑스럽고, 자기 같은 여자 두 번 다시 만나기 어려울 것 같다. 자기랑 정말 결혼하고 싶어!"
> "나도 자기가 너무 멋지고 사랑스럽고 좋아. 그런데 아직 결혼에 대해서는 잘 모르겠어."

　이 말뜻은 50%는 애정 표현이고, 50%는 결혼에 대해서는 잘 모르겠다는 것이다. 남자는 여자의 말을 어떻게 받아들이고 무슨 생각을 할까? 내가 좀 더 노력해서 이 여자의 마음을 완벽하게 잡아야겠다는 다짐이 생긴다. 여자는 사랑을 확인하고 좋아지게 되면 본능적으로 착해지고 남자에게 지고지순해진다. 필자는 이런 모습이 나쁘다고 말하지는 않은데, 이러한 모습은 결혼하고 나서 최소 30년이상 보여줄 수 있다. 그런데 사귀고 3개월 정도 지나면여자는 한결같이 착해지고 솔직한 모습 다 보여주고 표현하려고 한다. 이런 모습들이 남자를 노력하지 않게 하고게을러지게 만드는 것이다.

또한 될 때까지 '척'하라는 말이 단순히 남자를 일시적으로 내 남자 만들기 위해 하는 것이 아니라 자신이 정해놓은 목적에 따라 끝까지 될 때까지 '척'을 해야 한다. 관계를 유지하는 데 있어서 사용하는 것이다.

필자는 여자들에게 남자가 바람을 피우거나 손찌검하거나 도박하지 않는 이상 남자에게 관대해지라고 조언한다. 남자가 좀 나태하거나 자기에게 소홀히 대하거나 연락이 잘 안되더라도 남자가 좋으면 될 때까지 '척'하라고 한다. 만약 자신 없고 될 때까지 '척'하기 힘들다면 헤어져야한다. 하지만 정말 이 남자가 좋고, 결혼하고 싶다면 될 때까지 '척'해야 한다.

사람은 누구를 좋아하게 되면 그 사람을 고치려고 하고또는 자신도 변화될 수 있다고 믿는다. 이러한 생각은 진짜 착각 중의 착각이고 환상이다. 사람은 타고난 본성이 있기 때문에 그냥 있는 그대로 존중해주는 것이 제일 현명한 것이다. 만약 남자에게 잔소리로 변화시키려고 하거나 자신의 방법대로 고치려고 하면 그 순간은 말 듣는 척하지만 지나고 나면 원래대로 돌아간다.

여자는 관계에 문제가 있으면 그 즉시 대화로 풀려고 하거나 조금만 찜찜해도 얘기하려고 한다. 여자의 사고방식에서 제일 일반적인 방법이다. 풀어야 불안하지 않고 찜찜하지 않으며 관계가 잘 유지될 것이라고 믿는다. 방법은 오로지 대화인 것이다. 만약 이런 사고방식으로 그동안 연애를 했다면 고쳐야 할 것이다.

남자는 여자가 얘기 좀 하자고 하면 또 자기에게 지적질하고 잔소리한다고 생각한다. 자존심 상하기 때문에 결국은 피하고 싶어 한다. 예를 들어 어제 술 마시고 집에 들어가기 전에 연락을 안했거나, 대화할 때 습관적으로 빨리 끊으려고 하고, 전화 통화할 때 하품을 많이 한다고 잔소리하면 할수록 남녀 사이는 좋아지지 않는다. 그렇다면 마냥 참고 기다려야 할까? 그렇지 않다. 언젠가는 말을 해야 한다. 필자는 결혼하고 나서 또는 사귀고 나서 최소 1년 지나고 나서 말하라고 한다. 왜? 친밀감이 깊이 형성되면 쉽게 헤어지지 못하기 때문이다. 그런데 조금만 이상하다고 해서 바로 대화하고 풀면 여자는 혼자 만족할지 모르나 남자는 자기에게 지적질만 하고, 여자 앞에서 무시당했다고 생각하며 그때부터 말수가 적어지게 된다.

20대는 마냥 사랑받는 시기라면 30대부터는 50%는 참아야 하고, 하고 싶은 말은 나중에 해야 관계를 지속해서 이어 나갈 수 있다. 그래서 연애를 잘하려면 알아도 모른 척, 몰라도 아는 척, 부끄러운 척, 수줍은 척, 온갖 척을 다 해야 한다.

대부분 연애 못하는 여자들은 자기감정에 충실하고 진실하고 매우 솔직하다. 한마디로 자기감정을 다 표현하고 싶어 한다. 그런데 연애에서 그렇게 했다가는 무조건 쫄딱 망한다는 것을 필자는 알려주고 싶다. 원래 사람에게 있어 지적은 아주 좋은 것이지만, 그걸 듣고 있으면 마음은 불편해진다는 사실을 기억해야 한다.

그래서 필자는 미국 속담 중에 이 말을 아주 좋아한다.

Fake it till you make it.
될 때까지 척하자.

자신 없으면
웃고
말하지 말자!

·
·
·

　사람들은 연애가 어렵다고 한다. 어려운 이유가 뭘까? 여러 가지 이유가 있겠지만 그중 하나는 연애가 자기 마음대로 되지 않기 때문이다. 이 말은 상대방이 내 마음과 같지 않기 때문이다. 연애하면 설레고 사랑받고 행복한 느낌이지만, 이러한 요소들은 어디까지나 표면적이고 일부분이다. 연애하면 좋은 것도 있지만 힘들고 어려운 게 더 많다는 것이 연애하면서 느끼는 현실적인 감정이다.

　그래서 연애를 통해 상대방을 보게 되고, 또 자신의 정확한 모습을 보게 되는 경우도 많이 있다. 시인 라이너 마리아 릴케Rainer Maria Rilke는 연애하는 기간은 고립되고, 고독한 자신만의 독거라고 정의를 내렸다. 왜냐하면 연애할 때 자기 내면을 보고 자신의 분수도 알고, 또 폭넓게 인간이 뭔지 깊이 생각하기 때문이다. 이러한 계기들은 모두 상대방이 내 마음처럼 움직이지 않을 때 고민하면서 생각하는 것들이다.

보통 여자들이 연애하면서 가장 힘든 점이 무엇일까? '남자 마음이 예전 같지 않다. 나를 사랑하지 않는 것 같다. 처음하고 너무나 많이 달라졌다'고 하소연을 한다. 이러한 고민을 하는 순간 여자는 불안해지며 항상 이 불안함을 해소하기 위해 확인받거나 남자의 더 깊은 속마음을 보고자 한다.

이때 자기 마음대로 되지 않을 때 여자가 자주 하는 행동이 있다. 얘기 좀 하자고 하거나 툭하면 헤어지자고 하거나 감정적인 모습을 보이는 행동들이다. 얼핏 보면 이러한 행동들은 그 순간 자신의 답답한 속마음을 표현하기 때문에 시원하게 느껴질 수 있고, 또 남자의 마음을 자기가 원하는 대로 조종할 수 있다고 생각한다.

물론 처음 한두 번은 여자의 이러한 하소연은 잘 들어준다. 하지만 두세 번째부터 남자는 여자의 말을 무시하거나 여자가 얘기 좀 하자고 하면 다 피해 버린다. 이때 여자는 매우 강경한 말투로 "헤어지고 싶어서 이러는 거야?" 또는 "헤어지자!"하면서 감정적인 모습을 보인다. 정말 남자와 헤어지고 싶어서 "헤어져." 말하는 여자가 어디 있겠는가? 설령 이런 말을 한다고 할지라도 남자가 여자에게 더 잘하거나 더 깊은 애정을 주는 경우는 없다. 오히려 이때부터 남자는 여자에게 살짝 불만을 가지기 시작하고, 실망감을 느끼면서 마음 한편에 '이 여자는 감정적인 여자구나!' 생각한다. 형식적으로 관계를 유지하면서 기회 봐서 도저히 안 될 것 같으면 '헤어져야겠다'고 생각하는 것이 대부분 남자의 속마음이다.

그래서 필자는 연애하는 동안 좀 답답하고 연애가 내 마음대로 되지 않더라도, 남자에게 직접적으로 잔소리를 하지 말아야 한다고 강조한다. 남자는 여자와 다르다. 여자가 힘들 때 바로 반응해주지 못하며, 본인 일이나 고민이 해결되어야 여자에게 집중하는 것이 남자들이다. 원래 남자는 한두 박자 늦게 반응하면서 여자 얘기를 뒤늦게 들어주고 잘해주는 존재들이다. 그러나 여자는 남자에 대해 잘 모르고, 자신의 마음을 잘 몰라준다며 남자에게 투정부리고 변했다고 잔소리한다. 여자는 서운한 마음에 감정조절 하지 못해서 "헤어져"라고 말하거나 표정 관리 못해서 남자에게 싫은 소리하고 연애를 망치는 것이 오늘날 대부분의 연애인 것이다.

　그래서 필자는 상담할 때 항상 이런 말을 한다. 연애하다가 화가 나고, 답답하면 할수록 남자에게 웃으라고 말이다. 그리고 자신 없으면 말하지 말고, 또 웃으면 된다고 말한다. 왜? 그래야 그다음이 있고 연애를 지속해서 이어 나갈 수 있기 때문이다. 한 번 더 말하지만 남자가 여자 문제술, 도박, 손찌검만 아니라면 참고 만나도 된다. 남자는 한 박자 두 박자 늦게 여자의 마을을 알아주고 여자에게 잘해준다. 순간 자기 마음이 답답하고 자기 원하는 대로 잘 안되더라도 조금만 기다리면, 여자에게 천천히 집중하고 잘해주는 모습을 보면서 조금씩 남자라는 동물을 이해하고 깨닫게 된다. 이러한 원리를 경험으로 축적하게 되면 그것이 진정 연애하는 방법을 터득하는 것이다.

　연애할 때 남자에게 확인받는 것은 단순히 일회성으로 끝나는 것이 아니다. 물론 사랑을 확인받는 것도 중요하지만 그것보다 더 중요한 것은 관계를 지속해서 이어 나가는 것이 더 중요한 것이다. 왜냐하면 연애라는 것은 1주일하고 관두는 것도 아니고, 한 달 하는 것도 아니고, 계속 관계를 이어 나가면서 답을 만들이 니가는 것이기 때문이다. 그렇게 하기 위해서는 두 사람에게 자연스러움과 껄끄러움이 존재하지 말아야 한다. 항상 재미있게 지내려고 노력해야 한다.

대화로 풀어야 한다는 생각도 알고 보면 자기 직성을 풀려고 하는 것이지, 대화할 때 남자가 느끼는 감정을 전혀 생각하지 않는 것이다.

한국 속담에 미운 놈에게 떡하나 더 준다는 말이 있다. 왜 미운 놈에게 떡을 주어야 하는 걸까? 그래야 그 사람과 내일이 있고, 그다음이 있기 때문. 연애도 이처럼 관계를 이어 나가는 것이 더 중요한 것이다. 그렇게 하기 위해서는 남자가 나를 좀 서운하게 대하더라도 웃고 넘어가고, 또 다음 기회를 통해서 이어 나가야겠다는 생각으로 관계를 유지해야 한다.

지금 당장
결론을 내려고 하지
말아야 한다

.
.
.

　필자를 포함해서 요즘 사람들은 성격이 많이 조급해진 것 같다. 조급해진 이유를 분석해 보면 한국 민족의 '빨리 빨리' 문화와 오늘날 스마트폰 SNS 시대가 우리를 아주 조급하게 만든 것 같다. 예를 들어 90년대에 편지 한 통을 써서 기다리는 시대가 있었다면, 요즘은 카톡에 숫자 1이 사라졌는데 왜 답장을 안하냐? 씹냐? 또는 안읽씹으로 무시한다. 이런 표현을 하는 시대다.

　이런 환경에서 살다 보니 우리는 자연스럽게 연애도 조급해지고 결론도 빨리 내려고 한다. 예를 들이 썸을 티거나 남자친구와 연애 중에 항상 뭔가 자기 원하는 대로 되어야

안도감을 느낀다. 만약 자신이 원하는 대로 잘 안되면 소위 요즘 말로 빡친다 또는 짜증난다고 하면서 '더 이상 이 남자와 만나기 어렵겠다!' 단정 지어 버릴 때가 있다.

어떻게 보면 앞장에서 연애가 잘 안될 때 여자들이 자주 하는 말 중 헤어지자는 말로서 극단적인 말을 하는 것과 똑같다. 문제는 자신이 이렇게 말했을 때, 정리가 깔끔하게 잘되고 더 이상 집착하지 않으면 상관없지만, 자신이 헤어지자 해놓고 며칠 참지 못해 남자에게 연락해서 매달리거나 애원하는 것이다. 이런 행동을 할 때 남자는 속으로 여자를 어떻게 생각할까? 연애의 주도권을 남자에게 넘기는 것과 마찬가지다. 남자가 진심으로 상대를 소중하게 대하면서 관계를 유지해야 하는데, 여자의 변덕스러운 모습을 보게 되면 남자는 여자를 경계하면서 적당한 거리감을 유지한다. 즉 자기 즐길 것 다 즐기고 진중함은 사라지게 된다. 이때부터 남자는 여자를 이용하게 된다.

여자의 변덕스러운 부분을 약점 삼아 핑계대면서 또 언제든지 헤어지자 할 것 같다고 남자는 여자를 이용하는 말을 얼마든지 지어낸다. "나는 진지하게 하려고 했는데, 네가 헤어지자 말한 이후부터 마음이 가지 않는다." "마음이 더 이상 커지지 않는다." 이런 말을 지어내면서 여자를 안달나게 하면서 불안하게 만든다. 그리고 결국 여자를 이용하게 된다. 연애의 진중함보다 적당히 즐기는 연애가 전개되는 것이 대부분이다. 그래서 연애를 하다가 자기 마음대로 잘 안될 경우에는 좀 답답하더라도 지금 당장 어떤 결론을 내리고 하면 안 된다.

헤어지자는 말을 하게 되면 그만큼 감정적이고 껄끄러운 상황이 만들어지게 된다. 또한 그 이후 자연스럽게 연애를 하려고 해도 여자의 바람대로 잘 안된다. 왜냐하면 서로 어색해져서 눈치보는 관계가 형성되었기 때문이다. 따라서 아무리 연애가 어렵고 자기 마음대로 잘 안된다 할지라도 특단의 조치를 하듯이 결론을 내리지 말고, 나중을 생각하면서 그 순간 아무 말하지 않고 자연스럽게 연락 안 하고 멀어지는 것이 제일 낫다.

연애는 타이밍이다. 남자도 여자 생각이 나야 하고, 서로 바라보고, 상황이 맞을 때 잘 되는 것이다. 연락하고 만나는 동안 잘 안됐다면, 그 순간 물러나서 한 달에 한 번씩 툭툭 찔러보듯이 연락하는 것도 좋은 방법이다. 남자가 연락오면 답장하고, 연락이 없으면 가볍게 한 번씩 툭툭 찔러보면 되는 것이다.

여기서 상대가 반응하면 만나서 오랜만에 반가운 척하면서 만나서 밥먹고 또 관계를 이어 나가면 된다. 원래 남자는 일이든 공부든 다른데 집중하고 있으면 연애에 잘 집중하지 못한다. 집중 못하는 남자에게 헤어지자는 감정적인 모습을 보이면서 안 좋은 이미지만 남기게 된다. 차라리 그 순간 남자가 나에게 집중하지 못한다고 생각할 경우 한발 물러서서 다른 방식으로 접근해야겠다고 생각하는 것이 제일 낫다. 방법은 앞서 말한 것처럼 한 달에 한 번씩 가벼운 카톡이나 링크 걸면서 요즘 어떻게 지내는지 안부 묻고 농담하고 가볍게 떠보듯이 나가면 된다. 중요한 것은 연락할 때 오랜만에 연락하는 느낌이 제일 중요하다. 한 달에 한 번, 두 달에 한 번 연락하는데 '나는 아직 너를 사랑하고 잊지 못해!' '아직까지 나랑 연애할 마음 없어?' '나는 너를 많이 사랑하는데, 너는 나한테 마음 없어?' 이런 식으로 메시지를 보내게 되면 남자 입장에서는 여자가 부담스럽고 스토커처럼 느껴진다. 그래서 오랜만에 연락하면 가볍게 툭툭 치면서 이어 나가는 것이 제일 좋다.

연애라는 것이 그 순간 자기 마음대로 잘 안될 때가 많이 있다. 그럴 경우 지금 당장 결론을 내려고 하지 말고, 시간이 좀 걸리더라도 좀 거리감을 두면서 조금씩 연락해서 관망하는 자세를 취하면서 상황을 지켜봐야 한다. 연애가 지금 당장 잘 안되더라도 실험 삼아 한 번 정도는 길게 보면서 이어 나가게 되면 분명 자신이 남자를 알아 가는데 있어서 많은 도움이 된다.

겪어 보고 아니면 과감하게 헤어져야 한다

.
.
.

    사람은 사랑을 하게 되면 무한 긍정 또는 자기 합리화가 저절로 잘된다. 내 사랑은 특별하고, 남의 사랑은 그냥 단순화시킨다. 또한 친구가 결혼해서 힘들게 결혼 생활하고 있다면, '나는 결혼하면 저렇게 살지 않을 것 같은데!' '행복하게 잘 살 것 같은데!' 하면서 자기 합리화를 하게 된다. 이러한 생각은 왜 하게 될까? 필자는 그냥 자기 자만심에서 나오는 자기 합리화가 아닐까 생각한다. 나하고 다른 사람이 만나서 서로 알아가고 진심으로 사랑하는 일은 쉬운 일은 아니다. 현재 이 책을 읽고 있는 독자들도 연애가 어려워서 읽고 있는 것이 아니겠는가?

과거에 이상한 논리가 있었다. 사랑 예찬론자들은 사랑은 선하고 숭고하고 절대적이며 운명적이다. 또 사랑은 이 세상을 구원하고, 세상을 아름답게 하는 것이기 때문에 사랑 앞에서는 모든 것을 갖다 바치고 순종해야 한다. 이런 사상이다.

얼핏 들어보면 맞는 말 같지만 자세히 들여다보면 어디 좋은 것만 갖다가 짜깁기 한 말 같기도 하다. 그런데 이러한 말들이 은연중에 세뇌되어 영향받은 여자들이 생각 외로 많이 있다. 속된 말로 여자를 바보로 만드는 말이다.

왜냐하면 사랑하면 무조건 다 참고 기다려주고 운명처럼 받아들이라고 강요하기 때문이다. 어디 요즘이 그런 시대인가? 연애라는 것은 평생 이 사람과 함께 해도 될 것인지 아닌지 알아보는 과정이다. 과거에는 여자가 한 남자를 운명처럼 받아들이고 자기 순결을 지키면서 평생 한 남자를 바라보는 시대였지만, 요즘은 몇 번 만나서 사귀어 보고 이상하면 안 만나면 그만인 시대다.

그런데 왜 여자들은 이상한 남자를 만나면 잘 헤어지지 못할까? 여러 가지 이유가 있겠지만 이 상황에서도 여자는 자기 합리화를 하고 있기 때문이다. 나는 사랑이 많고 인정이 많기 때문에 내 사랑으로 반드시 이 남자를 변화시킬 거야! 고로 나도 이 남자 때문에 변화될 수 있다는 강한 믿음이다. 이러한 생각이 강하면 강할수록 인간은 반드시 상처받고 오래도록 혼자 지내는 여자들을 필자는 많이 보았다.

앞서도 말했지만 연애를 한번쯤 해본 사람이라면 누구나 알겠지만 남자는 처음에 다 잘해준다. 그런데 애석하게도 그 기간은 길어봤자 3~6개월이다. 어느 순간 연락이 줄어들고, 만남이 줄어들고, 본래 성격도 나오고, 성질도 나오고 그 남자의 본성이 나오기 마련이다. 그러면 여자들은 불안해지면서 내가 더 사랑하고 잘 지내면 처음처럼 잘해줄 것이라는 믿음을 갖게 된다. 문제는 그렇게 안 된다는 것이다.

필자의 심리연구소가 하는 일이 무엇이겠는가? 온갖 막장 정말 안 좋은 버릇, 습관, 가치관 이러한 것들을 내담자들이 가지고 온다. 그냥 답답한 나머지 좀 변화시키고 싶어서 왔다고 한다. 그러면 필자는 터놓고 얘기한다. 사람은 죽을 때 되면 변하지, 그전에는 절대 변하지 않는다. 그냥 자신이 감당할 수 있으면 감당하고, 감당할 자신이 없으면 그냥 헤어지라고 말이다.

예를 들어 툭하면 욕하는 남자, 손찌검하는 남자, 술만 먹으면 아무 곳에나 침 뱉고 길바닥에서 자는 남자, 대리

운전하면서 대리기사한테 침 뱉고 먹살 잡고 싸우는 남자, 여행 가서 잘 안 씻고 그냥 자는 남자, 잠자리하고 먼저 옷 입고 밑에서 차 시동키고 있을 테니 씻고 내려오라고 하는 남자 등. 여자가 보는 시선이 아니어도 안 좋은 습관을 지니고 있는 남자가 많이 있다. 그런데 이러한 남자의 가치관이나 본성, 습관은 반드시 연애할 때 보이기 마련이다. 그런데 사랑하니까 남자의 안 좋은 태도나 습관을 그러려니 하거나 대수롭지 않게 생각한다. 결국 술 좋아하는 남자는 결혼해서 항상 늦게 들어오고, 가끔은 길바닥에 자는 경우도 있고, 연애할 때 폭력적인 남자는 결혼해서 술 마시고 시비붙어서 싸우고 합의금 물어주는 경우도 있다. 그뿐인가. 지나친 술은 정말 사람을 미치게 만든다. 평소에는 순한 남자가 술만 먹으면 폭력적으로 변해서 이웃 주민과 먹살 잡고 싸워서 경찰이 와서 말리는 경우도 있다. 이런 결과들은 분명 연애할 때 앞으로 이렇게 될 것 같다는 신호를 무시한 결과인 것이다. 막상 살아보면 후회하면서 살 수밖에 없다. 그래서 필자는 반드시 연애하고 나서 6개월 정도 지난 뒤 이 사람하고 계속 만나야 하는지 아닌지 처음부터 마음에 기준을 정하고 만나라고 조언한다. 만약 무조건 사랑하고 또 헤어지기 싫다고 했을 때, 좋은 남자 만나서 아무 탈 없이 문제없이 잘살면 다행이다.

그런데 이상한 버릇을 가지고 있는 남자가 그냥 좋아서 살게 되면 엄청나게 마음고생하고, 10년도 못살고 이혼하는 경우가 많으니 이 부분은 진짜 심각하게 생각해 보아야 한다. 나쁜 습관이나 버릇은 어느 정도 참고 넘어갈 수 있지만, 바람, 폭력, 도박, 알코올 중독은 주변 사람을 엄청 상처주고 힘들게 하는 안 좋은 버릇들이다.

그렇다면 이런 나쁜 습관과 버릇을 가진 남자를 어떻게 구분하고 알 수 있을까? 처음 봐서는 절대 알 수 없다. 왜? 연애할 때는 웬만하면 남자 여자 서로의 단점이나 안 좋은 부분은 숨기기 마련이다. 그런데 최소 6개월 이후부터 조금씩 보이기 시작할 것이다.

필자는 미국 연애 서적 중에 동거에 관련된 책을 몇 권 읽었다. 우리나라 정서와 맞지는 않지만, 그 책을 요약하면 평생 함께할 사람과 동거하면 그가 어떤 사람인지 미리 알 수 있다고 했다. 보통 주말이 되면 데이트하고, 같이 있고, 여행을 자주 간다. 그런데 남자가 혼자 살거나 여자가 혼자 살거나 자취하면 같이 생활하는 동거 형태가 만들어진다. 연애하면서는 얼마든지 선택하고 결정하고 판단할 수 있는 시간이 많이 있지만, 결혼을 하게 되면 무한으로 참거나 이혼하는 깃밖에 없다. 그렇다면 사람을 아는 방법이 동거밖에 없을까? 참고로 필자는 동거를 부정적으로 생각하는 사람이다. 동거가 아니더라도 여행이나 아니면 극한 상황, 비상 상황을 만들어 보기를 권한다. 구체적으로 말하면 힘든 산을 온종일 타든지, 아니면 낯선 여행지에서 함께하면서 지갑을 분실해보는 것이다. 어려운 상황에 부딪치면 그 사람의 성격과 가치관이 많이 나올 것이다. 왜? 원래 인생이라는 것은 산을 타는 것과 마찬가지로 긴 여정이다. 많이 인내와 참음이 요구되기 때문이다.

그리고 최소한 1년은 겪어 보고, 해볼 것 다 해보고, 어떤 사람인지 판단하면서 아니다 싶으면 더 큰 피해를 막기 위해서라도 빨리 끝내는 것이 현명하고 지혜로움이다.

가장 빠르게 남자를 판단하고, 그가 어떤 사람인지 아는 방법이 무엇이 있을까? 필자의 답은 똑같다. 그 사람의 아버지를 보라고. 그런데 연애 초반이거나 사귀는 동안 남자의 부모님, 즉 아버지에 대해 어떻게 잘 알 수 있겠는가? 이 부분에 대해 개인마다 고민해보면서 자기에게 맞는 접근의 방법으로 아버지를 관찰하기를 바란다. 남자는 아버지를 닮기 때문이다. 그 아버지 유전자의 범위는 절대 벗어나지 않는다.

연애는 당기고, 밀고, 멀어지고, 다가가는 밀당&당밀이다

·
·
·

　남자는 보통 연애 초반에 적극적인 행동을 보이는데, 이러한 적극성이 나에게 진심인지 아니면 섹스 때문인지 알려면 2~3번 정도 튕겨보면 알 수 있다. 진심이면 좀 튕기더라도 남자가 계속해서 호감을 표시하고 "만나자." "밥 먹자."며 계속 연락을 취하고 다가올 것이다. 반대로 섹스를 하기 위해 적극성을 보이는 남자라면 여자가 튕길 때 시간 낭비하기 싫어 떨어져 나갈 것이다. 그렇다면 어떤 연애 방식으로 연애하면 좋을까? 필자는 복잡한 것을 싫어하는 사람이다. 단순한 것을 좋아하고, 일관성 있는 것을 좋아한다. 필자가 운영하는 〈랭보의 연애시대〉 회원

연애가 힘든
당신에게

들에게 "남자를 편안하게 해주라!"는 말을 자주 한다. 이렇게 말하는 이유는 끝까지 편안하게 해주어서 헌신하고 호구가 되라는 뜻이 아니다. 남자가 미친 듯이 매달리게 만들기 위한 목적이다. 이러한 방법에는 밀당과 당밀이 있다.

자. 그렇다면 왜? 밀당을 해야 하는가? 예를 들어 여자 A는 밀당하는 걸 싫어하고, 진심 보여주기를 좋아한다. 또한 애매한 것 싫어하고, 확실한 표현을 좋아하는 여자다. 그런 여자 A에게 괜찮은 남자가 다가왔다. A는 너무 설레는 마음에 성급하게 그에게 고백했다. 당연히 남자는 여자가 자기에게 고백을 하니 처음은 기분이 좋다. 정말이냐? 사실이냐? 언제부터 나에게 마음이 있었냐? A에게 질문을 할 것이다. 남자는 A에게 다시 한번 더 정말 진심이냐? 이렇게 질문을 하면 여자는 진심이라고 말할 것이다. 그러면 남자는 그 순간 그럼 오늘 나와 같이 있자고 할 것이다. 그러면서 밤을 보내게 된다.

얼핏 보았을 때 문제없는 연애 같지만, 시간이 지나면 남자의 마음은 급격하게 식는다. 왜? 남자는 무엇이든지 어렵게 잡은 여자만 소중하게 생각하기 때문이다. 또한 여자가 먼저 고백했기 때문에 남자는 별 소중하게 생각하지 않고, 그냥 또 비슷한 여자 다가오면 그냥 적당히 즐기고 놀아야지라고 생각한다. 이러한 생각은 남자라면 누구나 자연스럽게 생기는 정상적이면서 간사한 생각들이다. 그래서 이러한 생각 자체를 하지 못하도록 밀당을 하는 것이다.

그런데 밀당을 어떻게 해야 하는 걸까? A에게 남자가 다가왔을 때 잘 웃어주고, 고맙다고 칭찬하고, 받아주고, 갑자기 밤에 만나자고 하면 오늘 말고(튕기고) 주말이나 낮에 보자(당기고)는 이런 식으로 남자를 만나야 한다. 그러면 남자는 'A는 너무 늦은 시간에 보는 것 싫어하니 주말에 만나서 맛집 가고, 경치 좋은 곳 찾아서 구경시켜주고, 마음을 얻어야겠다'는 생각을 할 것이다. 남자는 이러한 노력 가운데서 A에게 마음이 점점 커지면서 여자를 잡고 싶어하는 마음이 생긴다.

지금껏 만났던 남자들을 잘 생각해보면, 나이와 외모만으로 현재 어떤 남자든 만날 수 있고, 어느 정도 먹힌다는 것을 알 수 있을 것이다. 큰 틀에서 20대라면 튕기는 연애, 즉 밀당을 하면서 연애하기를 바란다. 왜 그럴까? 젊고 날씬하고 예쁘기 때문에 통하는 거다. 주의사항은 밀 때 3일 이상 밀지 말고, 3번 이상 튕기지 말기 바란다. 이상하게도 한국 남자들은 3번에 길들어 있다. 진짜 여자에게 잘하려고 용기 내어 다가왔는데, 계속 밀어내면 자기 무시하는 줄 알고 포기하는 경우가 있기 때문이다.

반대로 30대~40대에 밀당하면 무조건 연애 망한다는 것을 명심해야 한다. 물론 자기 얼굴이 연예인급이고, 길에서 흔히 헌팅 당하는 여자라면 밀당해도 상관없다. 하지만 그러한 여자가 아니고 조금 살집 있고, 푸근하게 생겼고, 직업은 과장·팀장·대리급 이상 나이 먹은 올드미스·골드미스·돌싱이라면 무조건 남자를 편안하게 해주면서 남자의 마음을 사로잡아야 한다. 한 번에 남자의 마음을 사로잡아야 한다는 조급한 생각을 하지 말아야 한다. 연애는 절대 한방에 안 된다. 골프로 치면 처음부터 홀컵에 넣을 수 없다. 홀인원까지 날려서 거기서 미세한 조정을 해야 한다.

호감 가는 남자에게 대놓고 이상형이 어떻게 되냐고 묻지 말아야 한다. 그러면 남자가 '저 여자가 나를 좋아하나?' 이런 생각에 남자는 갑자기 수렵 본능이 사라진다. 그럴 때는 "○○ 씨는 어떤 여자 싫어하세요?" 반대로 물어야 한다. 왜? 그래야 남자의 속마음을 알 수 있기 때문이다. 어떤 여자를 싫어하냐? 질문했기 때문에 남자는 솔직하게 평소 싫어하는 여자 모습을 말한다. 화장 진하게 하는 여자, 사치하는 여자, 향수 과하게 뿌리는 여자 싫어

한다고 말하면, 그 남자를 절반 알게 된 셈이다. 남자에게 반대의 모습만 보여도 호감을 얻을 수 있다.

연애 잘하려면 밀당만 잘해야 하는 것이 아니라 당밀도 잘해야 한다. 연애는 밀고 당기기다. 이 말을 너무 많이 들었을 것 같은데 밀당이 정형화가 되어 있다. 어떤 여자들은 밀당의 개념도 모르고 이해도 못하면서 밀당을 해야 한다고 생각하는 여자들이 의외로 많이 있다. 간단하게 말해서 밀당이든 당밀이든 목적은 한가지다. 남자의 간사함과 나태함을 잘 파악하고, 그걸 이용해서 남자가 나에게 더 집중하고 사랑하게끔 하는 목적이다. (밀당은 밀어내는 것이고, 반대로 당밀은 당기는 것이다. 밀당은 튕기고 까칠하게 철벽치는 반면, 당밀은 반대로 친절하게 다 맞춰주고 이해하고 배려해주고 다가가 주는 것이다.)

그렇다면 구체적으로 당밀은 어떻게 하는 할까? 예를 들어 남자가 여자에게 1년 동안 매일 밥 사주고, 선물 사주고, 집에 데려다주고 정말 잘해준다. 이렇게 해주면 여자는 당연시하게 여기지 않겠는가? 그런데 1년이 지나서 10만 원짜리 밥을 먹고 "오늘 더치페이하자. 반 보태"라고 하면 여자는 어떤 기분이 들까? '이 사람이 왜 갑자기 이럴까? 사랑이 식었을까? 마음이 떴나? 내가 이 사람에게 뭔가 잘못했나?'하는 생각과 함께 막연한 불안감이 생길 것이다. 이 불안한 마음을 이용하는 것이 당밀의 목적이다. 자신이 어리지 않는 이상 외모가 되지 않는 이상 미국 연애 방식이나 팜므파탈 연애 방식하고는 절대 통하지 않는다. 특히 사귀고 나서 남자한테 권태기가 오거나, 실연 당하거나, 재회하기 위한 목적이라면 더욱더 당밀하면서 신뢰감을 주고 남자의 마음을 사로잡아야 한다.

처음은 남자가 더 좋아하더라도 시간이 지나면 여자가 더욱더 좋아하고 매달리게 되어 있다. 이것은 변하지 않는 불변의 법칙이다. 이런 여자의 구조적 특성에서 남자를 지배하고, 남자의 마음을 얻는 방법은 당밀밖에 없다. 어떻게? 기본적으로 칭찬하고 배려하고 내버려두고 연락 집착 안 하면서 편안하게 해준다. 최소 6개월 정도 투정 부리지 않고 남자 하고 싶은 대로 다 하게 해준 뒤, 6개월 지나서 잠수타면 새로운 신세계를 경험할 것이다. 남자가 미친 듯이 매달리고 집에 찾아올 것이다. 이 방법으로 연애의 주도권을 되찾고, 돈 없고 현실적으로 어려운 남자에게 결혼하는 방법이기도 하다. 원리는 간단하다. 이 남자가 나를 얼마나 사랑할까? 이러한 생각을 당분간 버리고 목적만 생각해야 한다. 감정 조절 잘하고 목적을 위해서라면 서운하고 무시당해도 참아야 한다. 나중에 갑이

되기 위해서다.

　요약해서 정리하자면 연애 초반에는 밀당하는 것이 좋다. 특히 자신이 20대이고 예쁜 외모를 가졌다면 밀당하기 더 좋다. 그러나 반대로 외모가 좀 안 된다면 남자를 편안하게 해주면서 당밀하는 것이 좋다. 또한 권태기가 왔다거나, 재회해서 잘 되기를 원하거나 결혼하고 싶다면 당밀을 필수로 해야 한다. 이 개념을 정확하게 이해하면 연애하는 데 많은 도움이 될 것이다.

연애가 힘든
당신에게

연애가 힘든
당신에게

3장

롱런하는 연애의 비결!

연애의 결론은
결혼 아니면 이별

· · ·

    한번 생각해보자! 연애하면 무슨 생각을 하는가? 사람마다 생각하는 개념은 분명 다를 것이다. 설렘, 낭만, 로맨스, 마냥 좋은 일, 또는 머리 아픈 일, 복잡하고 어려운 것. 하지만 보통 사람은 연애하면 설레고 썸타고 좋은 것만 생각한다. 물론 연애를 깊이 생각하고 본질을 알면 어렵고 복잡하겠지만, 그래도 우리가 생각하는 연애의 아이콘은 마냥 즐겁고 사랑받고 행복한 것만 생각한다. 부산하면 해운대, 광안대교가 먼저 생각나듯이 연애하면 셀렘, 사랑을 생각하는 것과 마찬가지다.

    그런데 연애를 마냥 좋고 행복한 것이라고만 생각하고

시작하면 분명 어려울 것이다. 왜? 그럴까? 막상 해보면 어렵고 힘든 것이기 때문이다. '힘들면 사랑이 아니다.' 이런 추상적인 말이 있는데, 필자는 아주 희한한 말이라고 생각한다. 왜냐하면 서로 다른 생각을 가진 남녀가 만나서 서로 알아가고, 사랑하는 일은 쉬운 일이 아니기 때문이다. 사랑이라는 것은 서로가 잘 맞을 때 행복을 느낀다. 그런데 남자 여자는 처음부터 안 맞다. 연애 초반은 잘 맞는 것 같지만, 막상 사귀어 보면 안 맞는다. 이것은 지극히 정상적이며, 이러한 안 맞는 과정을 맞추고, 이해하고, 양보하고, 타협하고, 희생하면서 이어 나가는 것이 진정한 사랑이다.

사람들은 연애를 하면 사랑받고 좋은 것만 생각한다. 하지만 사랑은 동전처럼 좋은 것과 고통이 공존한다는 것을 먼저 알아야 한다. 이러한 사랑의 느낌과 현실을 알고 시작하게 되면 우리는 어떤 사람을 만나야 할지, 어떤 사람을 만나지 말아야 할지, 또 이 사람과 결혼을 할 수 있을까? 아니면 연애만 할까? 어느 정도 마음에 결론을 내릴 수 있을 것이다.

필자는 남자면서 여성 전용 카페를 운영하는 소금은 득이한 구조에서 일을 하고 있다. 사람은 연애가 안 될 때 어떤가? 겉으로는 말 안 하지만 일이 제대로 안 되고 표정관리가 안 된다. 특히 실연당하거나 남자친구 마음이 예전 같지 않다고 하거나 마음이 식었거나 너랑은 결혼을 못할 것 같다고 할 경우, 여자들은 저절로 살이 빠지게 된다. 그리고 절대 주변 사람들에게 자기 얘기를 잘하지 못한다. 연애 때문에 힘들어하는 여자들이 필자가 운영하는 카페에 가입하거나 아니면 필자가 근무하는 심리연구소에 찾아온다. 그동안 많은 상담을 하면서 필자가 느낀 것은 여자들은 헤어진다고 깔끔해지는 것이 아니다. 헤어져서 힘들어 하고 삶에 모든 기반이 흔들리는 여자들이 한 둘이 아니다. 정말 남자 때문에 인생이 황폐해지고, 인생 자체를 망하는 여자들을 너무 많이 보았다.

연애는 반드시 헤어지거나, 아니면 결혼을 하게 되어있다. 이별을 하게 되면 이별하는 순간부터 힘든 시간을 최소 3개월에서 길게는 1~2년을 보내게 되어 있다. 이 시기는 정말 힘들고 암울한 시간을 보내는 것이 대부분이다. 이별은 단순히 헤어졌다고 해서 힘든 것이 아니다. 특히 30대 연애는 분명 결혼까지 생각하고 연애했기 때문에 이별하고 나면 시간이 아깝고, 또 친구나 직장 주변 시선에서 자신이 못나서 실연당했다는 피해 의식이 저절로 생기게 된다. 그래서 이별하고 나면 저절로 자존감이 떨어지게 된다. 그래서 필자는 여자들에게 이렇게 조언을 해주고 싶다. 연애할 때 남자를 알고 남자를 공부하면서 만나기를 권한다. 단순히 사랑하고 좋아하면 다 될 것이라는 생각은 버려야 한다. 최소한 남녀 차이를 알면서 많은 지식을 습득하고 연애해야 한다. 왜냐하면 여자는 평생 남자에게 사랑받고 고민하면서 사는 본능을 가졌기 때문이다. 그래서 필자는 여자들에게 『화성에서 온 남자 금성에서 온 여자(존 그레이 지음, 김경숙 옮김, 동녘라이프(2007)』, 『거짓말을 하는 남자 눈물을 흘리는 여자(앨런피즈, 바바라피즈 지음, 이종인 옮김, 김영사(2017)』 책을 추천하고 싶다.

연애라는 작업은 단순히 애정을 넘어 서로 현실적인 부분을 잘 타협하고 맞추어 나가면 결혼이라는 결과물을 낳기도 한다. 필자는 연애할 때 반드시 결혼을 염두에 두어 연애를 하라고 한다. 왜냐하면 여자라는 존재는 결국 보호라는 형태 안에서 행복과 안정감을 느끼는데, 이러한 형태를 줄 수 있는 것은 연애보다는 결혼이 더 안정적이기 때문이다. 결혼은 단순히 애정만으로 되는 것이 아니다. 극히 현실적인 부분이 잘 맞아야 하고, 또 평생 함께 할 사람이니 자신에게 맞는 사람을 잘 선택해야 한다.

자신이 특별하게 잘나지 않는 이상 여자 필자는 한국

사회에서 뒤웅박인 것은 맞다. 필자는 상담할 때 살면서 3가지를 잘하라고 조언한다. 공부, 연애, 돈 버는 것이다. 그런데 이러한 일들은 다 시기가 있다. 현재 직장인이라면 지금부터 많은 남자 만나 보기를 권한다. 왜? 그래야 자신에게 맞는 남자를 현실에 맞게 찾을 수 있기 때문이다. 가급적 혼자 노는 것은 삼가고, 많은 남자를 만나면서 연애해보기를 권한다. 그래야 그 안에서 진정 자기에게 맞는 사람을 찾을 수 있을 것이다.

사람은 어떤 일을 하기 전에, 누구를 만나기 전에, 막연한 상상과 환상이 있다. 그러나 일을 하거나 누구를 만나게 되면 자기가 생각했던 것과 다르게 보이는 것들이 있다. 보이는 것들이 현실이며 이 현실 가운데서 자신의 높낮이를 맞추고 결정을 해야 한다. 이러한 조절이 곧 연애에서 남자를 선택하는 방법, 그리고 결혼을 결심하는 데 도움이 되는 부분이다.『종의 기원(찰스 로버트 다윈 지음, 장대익 옮김, 사이언스북스(2019)』이란 책에 이러한 내용이 있다. 짐승은 가만히 있으면 죽고, 풀은 움직이면 죽게 되어 있다. 사람 또한 가만히 있으면 도태되는 것이 사람의 원리다. 그래서 여자는 한 남자를 만나기 위해 끊임없이 움직이고 노력해야 한다.

도대체 남자에게
어떻게 해야
잘해주는 것인가?

.
.
.

　남자, 여자 뭐가 다를까? 심리학에서는 남자를 목표지향주의 또는 과제지향주의라고 정의를 내린다. 이 말은 어떤 일에 목적으로 정해놓고 그 일을 위해 열심히 일하고 집중하면서 목적을 완성한다고 정의를 내린다. 남자들이 일, 연애, 공부에 집중할 때 목적만 생각하고, 다른 것을 잘 돌아보지 못하는 것을 보면 맞는 말인 것 같기도 하다. 오죽했으면 과거 독립운동했던 순국열사들도 독립운동하면서 처자식을 다 굶겼다고 한다. 그런데 남자들은 목적을 완성하면 애석하게도 그것을 잘 잊어버리게 된다.

　이러한 이유는 성취감을 얻어서 자만심이 생겨서 방심

하는 경우가 대부분이다. 일단 남자들은 갖고 나면 잘 잊어버리게 된다. 연애 또한 마찬가지다. 남자들이 처음 사귀기 전에는 노력하면서 여자를 잡고, 즉 목적이 완성되고 나면 노력하지 않는다. 그래서 여자들이 본격적으로 마음 열고 연애 잘해보려고 하면 연락이 잘 안된다. 처음하고 다르다고 변했다고들 한다. 그러나 남자들은 문제가 생기면 반응하는 존재들이다. 왜? 과제지향주의기 때문이다. 이 말은 평소에 여자가 자기 마음대로 잘 안되거나, 연락이 잘 안되거나, 평소와 다르게 행동하거나, 본인이 생각한대로 안되면 남자 뇌는 곧바로 문제를 해결하고자 하는 과제지향주의로 작동하는 것이 남자들이다. 그래서 연애를 잘하려면 연락이 잘 되는 것보다 가끔은 연락이 안되고, 가끔은 질투심도 유발하는 것도 도움이 된다.

반대로 여자는 관계지향주의 또는 공감지향주의라고 정의를 내린다. 여자들은 근본적으로 친구와 잘 지낸다. 고등학교 친구, 대학교 친구, 사회 친구, 여행에서 만난 친구, 직장 동기, 심지어 카페에서 만난 언니, 동생들이다. 남자도 마찬가지겠지만 특히 여자들은 사람과 사람의 관계를 아주 소중하게 생각하고, 그들과 생각의 일체감을 느끼면서 서로 친밀감과 애정을 느낀다. 이러한 사고방식이 평생 이어지게 된다. 필자의 지인이 학회를 갔는데 도시락을 먹는 점심시간에 많은 사람 가운데 남자들은 혼자서 밥을 먹고, 여자들은 동기 만나서 다같이 모여 점심을 먹었다고 한다. 이것 또한 관계지향주의다.

관계지향주의는 좋은 점이 많다. 왜냐하면 사람과 사람이 잘 지내는 것이기 때문이다. 그러나 남자와 사귀고 6개월 정도 지나면 지나친 관계지향주의는 남자들이 별로 안 좋아할 수도 있다. 예를 들어 20~30대 남자 10명이 있고, 여자도 똑같이 20~30대 여성이 10명 있다고 하자. 3일 후 어떤 현상이 일어날까? 남자는 형님, 동생 하면서 서열정리가 된다. 반대로 여자는 2~3명이 그 안에서 공감하지 못해서 왕따가 나온다. 이것이 남자와 여자의 차이다. 남자들은 목표지향주의면서도 지독한 권위주의고, 또 엄격한 서열동물이다.

우리가 그 나라를 알려면 역사를 알고, 그 나라의 민족을 알려면 문화를 이해해야 한다는 말이 있다. 그렇다면 한국 남자들은 어떤 문화에서 성장을 했을까? 인정하기 싫지만, 예로부터 보수적이고 가부장적이고 꼰대 문화이며 가족 중심의 문화에서 성장했다. 특히 남자들은 하루만 먼저 와도 고참 대접받는 군대까지 다녀와서 서열이 중심인 사회를 경험했기 때문에 이러한 사고는 평생토록 몸에

배인 인생을 살게 된다.

그래서 필자는 욕먹을 각오하고 상담해주는 회원들에게 남자의 마음을 얻는 방법은 좀 심한 말로 하면 남자의 서열에 존중해 주라고 말이다. 심할 경우 복종, 순종 잘해주는 여자들이라고 말한다(이 말을 오해하지 말아야 한다. 앞에서 '척'만 하면 되는 것이다). 이 말이 잘 이해가 되지 않는다면 사회생활에 빗대어 생각해보자. 회사생활에서 말 잘 듣고 예의 잘 갖추는 사람을 생각해보면 알 수 있을 것이다.

작가 데일 카네기Dale Carnegie는 '현명한 아내는 남편에게 100% 순종하는 척하면서 그의 마음을 사로잡는다'고 했다. 그렇다면 여자들은 뭘 모르고 있는 것인가? 여자들은 남자에게 잘해주는 것이 본능적으로 도시락 싸주고, 헌신하면 잘해주는 것으로 생각한다. 물론 틀린 행동이 아니다. 하지만 기본적으로 남자를 존중해주고 나서 해야 하는 행동들이다. 이것이 남자에게 사랑받는 방법이다. 하지만 끊임없이 남자의 잘못을 지적하고 잔소리하고, 툭하면 남자와 싸우고, 남자들은 속으로 무슨 생각을 하겠는가? '또 이 여자 나에게 잔소리하고 지적질 하겠구나!' 짜증부터 먼저 나는 것이 남자들이다. 남자들이 어린 여자를 좋아하는지 아는가? 단순히 생물학적으로 젊은 이유도 있지만 자기 보고 오빠라고 부르기 때문이다. 그래서 남자에게 잘해주는 방법은 일단 먼저 존중이다.

　존중이라는 것이 단순히 존중하는 것이 아니라 때에 따라 존칭 쓰고, 남자를 어른 대접해주고, 그리고 잔소리 안 하는 것이 남자에게 잘해주는 것이다. 여자들은 이러한 사실을 잘 모른다. 상담하다 보면 비타민 사주고, 옷 사주고, 기념일 때 선물 챙겨주고, 때 되면 남자 집에 선물 보내고, 양복 사주었다고, 자기 잘해준 거 열거하듯이 말하는데, 헤어진 이유를 보면 연락이 안 되어서 성질내고 "넌 개념이 없다." "어떻게 사람이 그것밖에 안 되냐?" "넌 그렇게밖에 배우지 못했냐?" "진짜 쓰레기 같다." 이런 남자의 권위를 무시하는 말들을 많이 했기 때문이다. 이런 말을 하면 아무리 잘해준들 남자는 여자에게 마음을 열지 않는다.

　여자들은 관계지향적 방식으로 남자에게 정말 잘해준다. 하지만 남자의 속마음을 모른다. 이 사실을 모르는 여자들은 오로지 연락이 잘 되고, 티키타카 서로 합이 잘 맞고 잘 되고, 애교 많이 부리면 남자들은 좋아할 것이라고 생각한다. 틀린 말은 아니지만 연애 초반만 적용될 뿐 6개월 이후부터는 남자들은 자기 존중을 해주는 여자에게 마음이 가게 되어 있다.

남자,
정말 편안하게
잘해주는 방법

.
.
.

　우리는 어릴 때부터 착하고 바르고 정직하게 살아야 한다고 학교나 부모님에게 교육받아왔다. 이러한 기초적인 윤리교육은 성인이 되어 사회생활이나 연애를 할 때 적용하면 이상하게 잘 안될 때가 더러 있다. 예를 들어 직장에서 진실하게 착하게 바른 소리 한 번씩 하게 되면 솔직히 찍히는 경우가 태반이다(그렇다고 아무 소리 않고 직장생활을 하라는 말은 아니니 오해하지 말아야 한다). 오히려 시간이 지나면 직장에서 아부 잘하는 사람이 오래도록 살아남고, 사회생활 잘하는 것임을 깨닫게 된다.

　연애 역시 솔직한 대화로 이야기하면 손해일 때가 있

다. 문제가 생겨서 여자는 대화를 하려고 할 때 남자는 그 순간 회피하려고 알았다 또는 미안해라는 말은 잘하지만 시간이 지나도 달라지는 것은 아무것도 없다.

필자는 "아무리 옳은 말을 할지라도 사람의 감정을 상하게 된다면 그 말은 하지 않는 것이 좋다"고 수시로 강조하는 사람이다. 예를 들어 남자가 약속 시간을 어기고 늦게 나왔다. 왜 늦었냐고 따지듯이 물어보면 남자는 "미안해 피곤해서 늦잠 잤어!" 하고 상황을 넘기려 한다. 그때부터 여자는 "개념이 없다!" "어떻게 나와의 약속을 그렇게 쉽게 생각하나?" "사회생활 그렇게 배웠냐?" 말을 쏘아붙인다. 틀린 말은 아니지만 듣고 있는 사람 입장에서 엄청 기분이 상하고 생각이 많아지기 시작한다. '미래에 이 여자와 함께하면 엄청 혼나겠다!' 이런 생각을 하면서 그 순간 여자가 싫어진다. 남자는 감정이 상하게 되면 그 여자를 여자로 보지 않고, 눈치만 살피는 사람으로 변해 버린다. 이때부터 남자는 마음을 닫기 시작하고 영악하게 변해 버린다. 적당하게 몇 번 더 자고, 기회봐서 헤어져야겠다는 생각만 하는 것이 남자들의 사고방식이다.

연애하면서 남녀 사이에 대화는 참 쉬운 것이 아니다. 어디 선까지 말하고 어떤 식으로 행동해야 할지. 왜냐하면 사람은 생각하는 개념도 다르고 보는 방향이 다르기 때문이다. 필자는 상대방과 대화할 때 기본적으로 상대가 나의 말을 들어 줄지 안 들어줄지 그것부터 생각해보라고 한다. 남자도 마찬가지다. 예를 들어 남자친구 집에서 놀고 있는데 갑자기 비가 온다. 남자친구에게 우산 빌려달라고 하면 안 빌려줄 남자가 있겠는가?

그러나 천만 원 빌려달라고 하면 잘 빌려주지 않을 것이다. 그렇다면 천만 원은 언제 빌려줄까? 시간이 더 필요하고, 서로가 더 깊어지고, 가족이 되어야 빌려주지 않겠는가? 깊어지기 전까지는 싫은 소리 하지 말아야 한다. 왜? 남자는 여자에게 모른 척하면서 수시로 여자를 시험한다. 여자를 낭떠러지까지 밀어내어 본다. 때론 아무 말 안 하고 고립도 시켜본다. 여자가 어떤 반응을 보이는지 일정 기간 떠본다. 왜? 이 여자와 미래를 함께해도 될지 아닐지 확인하고 싶어 하기 때문이다. 남자들은 이러한 것들을 군대에서 배워왔다. 참는지? 못 참는지? 기다려 줄 수 있는지? 아닐지?

연애 자체가 '사랑 게임'이기 이전에 하나의 인간 관계, 즉 덕과 관용을 보여주는 인간의 도리라는 것을 깨달아야 한다. 서로 관계를 유지하는 것은 이해, 양보, 배려밖에 없기 때문이다. 이러한 요소가 남녀 관계를 유지하는 에너지다.

그러나 연애 못하는 여자들은 한결같이 착하고, 사랑에 환상이 강하며 자기감정에 너무 솔직한 여자들이다. 뭔가 항상 '사랑하면' 전제를 깔아야 한다. 사랑하면 연락이 잘 돼야 하지 않나? 사랑하면 함께 해야 하지 않나? 항상 이러한 논리로 남자를 대한다. 그러면 왜? 사랑하면 이별하는데? 할말이 없어진다. 사랑하지 않아서 이별했다고 생각하는가? 그보다 더 먼저 상대방을 이해해주지 않아서 이별했다는 것은 깨닫지 못하는가? 사랑은 막연한 것이지만 상대방의 마음에 감동을 주는 것은 이해와 배려밖에 없는 것이다. 표현하는 방법은 실수를 했을 때 싫은 소리 안 하고, 그냥 웃고 넘어가면 되는 것이다. "다음부터는 늦지마! 기다리는 동안 많이 걱정했어." 남자친구에게 쌓인 것이 있다면 바로바로 풀지 말고, 3개월 또는 6개월 있다가 말한다는 생각으로 관계를 유지해야 한다. 그 순간은 밉지만 미울수록 더 웃고 배려해주자. 미운 놈에게 딱하나 더 줘야 한다는 마인드가 있어야 남녀 관계를 유지할 수 있다.

남자는 시간이 지나서 이 여자는 나에게 특별한 여자고, 정말 이런 여자 만나서 결혼해야 겠다는 결심을 한다. 여자들은 필자의 말이 막연하게 들려서, 계속해서 참는 연애를 하면 쌓이고 힘들지 않겠냐며 필자에게 하소연한다. 이러한 사정 이야기하는 여자들이 남자만 바라보고 자기 삶은 없는 여자들이다.

　물론 처음은 부당하게 느껴질 수 있다. '심하게 싸우지도 않았는데 호구로 생각하지 않을까?' 또는 '을의 연애가 아닌가?' 생각할 수 있지만 남자는 이러한 여자에게 높은 인격을 가졌다고 생각하며, 그 여자에게 마음으로부터 순응하게 된다는 것을 잊지 말아야 한다. 왜? 앞서 말했듯이 남자는 서열의 동물이기 때문이다. 자기보다 잘난 사람에게 꼬리 내린다. 필자는 상담 온 여자들에게 이러한 말도 종종 자주 한다. "꼬였다면 꼬인 대로 살아라. 꼬인 걸 풀면, 풀면서 더 오히려 그때 기억을 상기시키니까 더 싸우게 된다. 차라리 넘어가라. 때가 되면 더 깊어지고 서로 굳이 말하지 않더라. 상대의 깊은 마음을 보게 될 것이다"라고. 결국은 이 사람이 나를 사랑하는가가 중요한 것이 아니라 죽을 때까지 헤어지지 않고 관계를 지속적해서 이어나가는 것이 더 중요한 것이다.

　남자를 편안하게 해주는 방법은 좀 부당한 것 같더라도 싫은 소리 하지 않는 것이다. 필자는 여자들을 상대하는 직업이라 여자들 마음을 잘 알고 있다. 사랑이라고 해서 상대방과 교감만 한다고 생각하지 말아야 한다. 필자는 "20대라면 자기 마음대로 연애하라"고 말해주고 싶다. 하지만 30대 이후부터의 연애는 조금은 참고 이해하는 것이라고 말한다. 그래야 관계를 지속적으로 이어 나가고, 더 나아가서 결혼까지 갈 수 있다.

오는 연락만
잘 받으면 된다

.
.
.

　원시시대 남자들은 사냥하고 있을 때 여자들은 아기를 보호하고 있거나 아니면 맹수가 올까봐 동굴 속에서 숨어 있었다고 한다. 아무래도 남자가 돌아오기 전까지 여자는 두렵고 무서울 수밖에 없다. 왜냐하면 여자는 남자보다 자기를 보호할 힘이 부족하기 때문이다. 그대신 여자들은 남자와 달리 맹수가 오는 시간인지 아닌지 알 수 있으며, 또 자연스럽게 경계하고 주변을 살피며 자연스럽게 직감도 발달했다고 진화심리학자들은 말한다.

　사냥 나간 남자가 분명 올 시간이 되었는데, 남자가 돌아오지 않으면 여자들은 매우 불안하다. 혹시 사고 나지 않았을까? 덧붙여 남자가 사냥을 잘해서 다른 여자들에게 인기가 많아 다른 여자에게 먹잇감을 주면서 눈 맞을까 봐? 불안하다. 요즘은 능력 있고 돈 잘버는 남자가 인기남 이라면, 과거에는 힘세고 사냥 잘하는 남자가 인기남이었 다. 남자에게 생명을 유지하고 보호받고 살 수 있었기 때 문이다. 과거나 지금이나 형태는 달라도 남녀 관계의 법칙 은 비슷한 것 같다.

여자들이 연애하면서 제일 많이 고민하는 것은 연락 문 제다. 연락 문제는 단순히 애정을 확인하는 수단으로 사용 하지만, 또 한편 내 남자가 무슨 짓을 하고 다니는지 감시 하는 목적이기도 하다.

원시시대에 사냥 나간 남자가 집에 돌아오지 않으면 걱 정하듯이 남자친구가 회사에서 회식하거나 약속으로 늦 게 들어갈 때 반드시 집에 도착해서 연락 남기라고 한다. 회식은 단순히 밥만 먹는 것이 아니라 노래방을 갈 수도 있고, 술도 마시기 때문에 직장에서 다른 여자 직원이나 아니면 유흥접대하는 여자와 눈이 맞지 않을까 걱정되기 때문이다. 그렇다고 이런 상황에서 연락이 잘된다고 해서 남자가 솔직하게 다 상황을 보고 하는 것도 아니다. 연락 이 잘되면 여자 입장에서 자기 위안이 더 앞선 것이다. 말 은 집에 들어간다고 해놓고 딴짓하고 있다면 무슨 소용이

연애가 힘든
당신에게

겠는가? 실제 클럽 앞에 자정쯤 나가보면 남자들이 단체로 거짓말하는 진기한 장면을 목격할 수 있을 것이다.

　필자는 연애 상담하면서 제일 많이 들어본 얘기 중 하나가 연락 문제다. 연락이라는 것은 연애 초반, 안정기 그리고 시간이 지남에 따라 줄어들기 마련이다. 물론 남자의 성향에 따라 항상 한결같은 남자들도 있지만, 대부분 남자는 처음에만 열심히 하고, 몇 번의 잠자리를 가지고 나면 연락이 줄어들고, 자기 할 일, 볼 일 다 하고 나서 그때 잠깐 연락되는 것이 대부분 남자다.

　왜 그럴까? 만나서 잘해주면 된다는 것이 남자들 사고방식이기 때문이다. 여자들은 연락을 애정의 수단으로 생각을 하는데 반은 맞고 반은 틀리다. 여자를 잘 아는 바람둥이들은 여자들의 이러한 마음을 잘 알고 있어서 온갖 이모티콘 쓰면서 자기 상황 그때그때 잘 보고하지만, 말로만 애정 표현할 뿐 그들 마음에 진심은 없다. 정말 자기가 필요할 때 자고 싶을 때만 애절하지, 평소에 잘 만나서 질 좋은 데이트는 하지 않는다. 남자가 아무리 사랑한다고 100번을 말한들 자주 만나지 않고, 한 달에 한 번씩 만난다면 그것은 사랑이 아니고, 사이버 연애밖에 되지 않는다.

남자를 사랑하면 할수록 불안함은 자연스럽게 생기기 마련이다. 그런데 이러한 불안함은 자신이 확인한다고 해서 해소가 되는 것은 아니다. 근본적인 것은 남자와 같이 호흡하면서 자기 일과 생활에 집중하는 것이 제일 낫다. 왜냐하면 남자는 여자와 깊어지고 사랑을 확인하면, 여자와 달리 다른 곳에 집중을 하는 존재이기 때문이다. 연애가 왜 어려운가? 여자들은 처음 마음을 열지 않을 때 경계하고 관찰하지만, 사랑을 확인하고 나면 오로지 남자만 바라봐서 어려운 것이다. 물론 일상을 공유하고 온종일 카톡으로 자주 연락하는 것도 연애 중 하나의 행복 요소지만 남자는 그때부터 마음에 흥미를 잃어버리고 여자에게 설렘이나 신비감을 잃어버리게 된다. 왜? 남자는 오랜만에 보아야 애정이 커지고 여자에게 더 잘해주고 싶은 마음이 생기기 때문이다.

어제도 싸우고, 1주일 전에도 싸우고, 평소 잦은 싸움에 연락이 잘 안된다면, 여자들은 불안해서 헤어짐도 생각한다. 그러나 1주일 전에 아무 일 없었고, 최근에 만나서 잘 지냈고, 어제까지도 연락이 잘 되었다면 두 사람 사이는 아무 문제가 없는 것이다. 신성 남녀 관계에서 제일 좋은 상태는 언제일까? 자주 연락을 주고받는 것은 절대 아

연애가 힘든
당신에게

니다. 내가 필요할 때 연락이 되고, 보고 싶을 때 만나지면 그것이 제일 좋은 관계인 것이다.

그래서 필자는 상담할 때 "남자를 믿고 만나는 여자와 남자를 안 믿고 만나는 여자의 차이가 무엇일까?"라는 질문을 자주 한다. 남자를 믿고 만나면 최소한 자기 삶에 집중한다. 결과가 안 좋다고 한들 현실에 집중할 수 있기 때문에 자기 개발이나 공부를 할 수 있다. 지나고 나면 남는 것이 있다. 그러나 남자를 안 믿고 만나게 되면 항상 불안하기 때문에 현실에 남자의 뒤를 밟게 된다. 지나간 SNS 흔적 그리고 남자가 연락이 오는지 안 오는지 무엇을 했는지 심지어는 남자 집 근처 가서 차가 들어왔는지 안 왔는지 감시하는 연애만 하게 된다.

믿지 않는 연애를 할 경우, 안 좋게 끝날 가능성이 높으며 헤어지고 나면 남는 것은 아무것도 없다. 왜? 불안해서 현실에 집중하지 못했고 시간만 낭비했기 때문이다. 단순히 자신의 불안함과 의심을 가지고 남자를 만나면 안 된다. 자신의 연애가 계속해서 불안하고 남자 의심이 저절로 된다면 자기 자신을 돌아보는 시간이 많이 필요하다. 심할 경우, 주변에 상담하는 것도 권하고 싶다. 또한 자신이 연애하고 싶고 결혼도 하고 싶다면 상대 남자에 대해 공부도 하면서 만나길 바란다. 결국 알면서 대처하고, 원인을 파악할 수 있기 때문이다. 남자를 모를 때는 불안하고 감정적이지만 남자를 알게 되면 연애가 그렇게 어려운 것이 아니다.

　필자의 연애는 어떤 기술보다 남자를 알고 현실을 알면서 자신을 볼 수 있는 깨달음이 있었으면 하는 바람이다. 결국 여자가 할 수 있는 것은 남자를 받아주고, 받아주지 않는 것이 연애하는데 가장 좋은 자세임을 알게 될 것이다. 애석하게도 연애라는 것이 처음은 남자가 좋다고 했다가 마음 열고 본격적으로 진지하게 연애하려고 하면 그때는 여자가 남자를 더 좋아할 수밖에 없다. 그래서 여자들이 헤어지고 나면 남자에게 더 매달릴 수밖에 없다. 연애에서 결혼하고 싶다면 오는 연락만 잘 받으면 된다. 매일 촉각을 곤두세우면서 연락이 오는지 안 오는지 나를 사랑하는지 안 사랑하는지 이런 시각으로 남자를 바라본다면 그것은 행복이 아니다.

연애가 힘든
당신에게

가급적 섹스는
한 달에 2번 이상
하지 말자

.
.
.

믿고 싶지 않고 인정하기 싫겠지만 남자는 섹스를 하기 위해서 여자를 만난다. 결혼 또한 섹스 때문에 하는 것이다. 말은 진심으로 너를 사랑하기 때문에 사귄다. 또는 너를 목숨처럼 아끼고 너와 영원히 함께하고 싶어서 결혼을 한다. 하지만 이러한 말들 또한 남자들이 섹스하고 싶은 욕망, 즉 성적호르몬 때문에 말하는 것이라고 학자들은 말한다. 대놓고 "섹스하고 싶어서 너 만난다. 결혼한다." 이런 말은 못한다. 왜냐하면 자신이 변태처럼 보이기 싫기 때문이다.

필자가 이렇게 말하면 20대 초반 젊은 여성들은 이해가 잘 안 되고 인정할 수 없다고 하는 여성들도 있다. 하지만 20대 후반이나 30대부터는 어느 정도 인정하고, 40대부터는 다 맞는 말이고 확신을 느낀다고 답한다. 이유는 간단하다. 20대는 환상이 강하고, 30대는 그래도 아닌 남자는 있지 않을까 반신반의하고, 40대부터는 지금껏 만난 남자들 알고 보면 다 밝히고, 결국 섹스만 하려고 한다는 것을 알게 되었기 때문이다. 그래서 인생은 더 살아봐야 알게 되는 것 같다.

연애는 처음 대화를 통해 서로 비슷한 공통분모도 느끼고 호감을 키우면서 사귀기 시작한다. 처음은 플라토닉으로 시작해서 자연스럽게 육체적인 관계로 발전을 하는 것이 연애의 특징이다. 섹스하는 시기는 정해진 게 없다. 어떤 커플은 사귀고 바로 하는 커플도 있고, 100일 지나서 하기도 하고 아니면 여행 가서, 또 어떤 이는 결혼을 약속하고 하는 커플도 있다. 극소수지만 종교적 신념 때문에 혼전순결을 지키는 커플도 있다. 하지만 요즘은 사귀는 사이라면 사랑을 섹스로 표현한다는 것이 보편화가 되어 있다. 극단적인 말로 남자에게 연애=섹스다.

여자 입장에서 섹스라는 것은 남자하고 의미가 다르다. 여자에게 섹스는 이제 마음을 열고 이 남자와 깊은 사랑을 할 것이라는 일종에 마음 결심이다. 그런데 이 섹스라는 것은 여자들이 생각하는 것과 남자들이 느끼는 것은 다른 것이다. 예를 들어 남자 만난 지 얼마 되지 않아 빨리 자게 되면 그 순간 남자들은 온갖 달콤한 말과 특별함을 의미 부여해서 여자는 믿고 자지만, 자고 나면 남자 마음은 급격하게 식는다. 경우에 따라서 쉬운 여자가 될 수 있다. 그렇다고 섹스를 아예 거부하면 남자들은 "자기를 믿지 못하냐?" "우리 사귀는 것 맞냐?" 하면서 여자를 철벽녀 취급한다. 빨리 자도 문제, 안 자도 문제, 그렇다면 어떻게 자는 것이 가장 좋을지 여자들은 궁금할 것이다.

여자들은 처음에 남자 앞에서 낯가리고, 경계하고, 남자가 섹스하자고 할 때 대부분 바로 응하지는 않는다. 하지만 마음 열고 남자에게 호감이 생기면, 그때부터 섹스 많이 하고 조절하지 못해서 연애를 망치는 여자들이 생각 외로 많이 있다. 왜냐하면 남자들이 섹스를 많이 하고 싶어하니까 내가 많이 해주면 좋아해줄 것이라고 믿고 있기 때문이다. 그러나 잘못된 생각이다. 예를 들어 동거하는 커플들을 생각해보자. 동거하면 쉽게 빨리 헤어진다는 속된 말이 있다. 그 이유가 뭘까? '하루종일 같이 붙어 있어서 서로 단점이 많이 보여서 싸워서 그런 거 아닌가?' 생각하지만, 그 이유보다 필자의 생각은 섹스를 너무 많이 해서 헤어졌다고 주장하는 사람이다. 남자, 여자는 근본적으로 안 맞는다. 가수 김원준의 노래 〈comma〉 내용처럼 남자들은 연애도 쉬어가면서 해야 사랑하는 마음이 더 생기는데, 동거는 개인의 시간과 공간이 없어서 그렇게 할 수 없는 것이다.

또한 남녀 사이에서 대화로 안 풀어지는 부분은 섹스를 통해 더 깊은 친밀감이 생기면서 사소한 갈등이나 오해들을 희석해버리게 된다. (부부싸움은 이불속에서 푼다고 하지 않던가?) 이런 기능들이 동거 중이라면 섹스를 너무 자주 하므로 섹스의 기능을 발휘하지 못한다.

남자라는 동물은 여자에게 조금이라도 설렘과 신비감을 느껴야 한다. 그래야 남자들은 성 기능이 활성화하면서 흥분하게 되어 여자가 더 많이 좋아지고 사랑을 느끼게 된다. 비뇨기과 의사들이 자기들끼리 웃으면서 사용하는 용어 중에 '마누라성 발기부전'이라는 용어가 있다. 무슨 뜻일까? (원 뜻 심인성 발기부전이 아니라, 와이프하고 너무 많이 하다 보면 더 이상 싫증이 나서 하기 싫어진다는 뜻이다. 바디랭귀지의 권위자 앨런피즈Allan Pease가 밀한 '수탉 효과'를 말하는 것이다. 수탉은 같은 닭과 6번 이상 잘 하지 않는다고 한다.) 남자들이 결혼하고 자기 와이프랑 섹스를 잘 안 해서 생긴 용어다. 이러한 말은 단순히 부부에게 국한된 것이 아니라 동거를 하거나 자주 만난 커플들도 해당되는 말이기도 하다.

그래서 필자는 여자들에게 웬만하면 한 달에 2번 이상은 하지 말라고 한다. 너무 안 하면 떨어져 나가고, 너무 많이 하면 질리고, 적당한 횟수는 한 달에 2번이다. 물론 이러한 잠자리의 횟수는 정해진 것은 아니다. 왜냐하면 남자가 성욕이 높거나, 또 성욕이 높지 않은 남자들도 있기 때문이다. 필자가 말하고자 하는 것은 보편적인 것이며, 성욕이 높은 남자에게 적용하면 도움이 된다.

연애하다 보면 남자가 더 많은 섹스를 요구할 수 있고, 경우에 따라서는 2번 이상도 할 수 있다. 많이 했다면 조금씩 줄여 보면서 남자의 마음 상태를 파악해 보아야 한다. 또한 거절할 때는 기분 나쁘지 않게 전하고, 오늘 말고 다음에 언제 하자는 말로 구체적인 여지를 남기면서 남자에게 거절하는 것이 좋다. 횟수를 조절하지 않고 만나는 날 무조건 하게 되면, 남자 마음은 그만큼 빨리 식게 된다. 왜냐하면 남자는 사랑하는 마음이 이성과 논리보다 욕망이 더 많은 비중을 차지하기 때문이다. 그래서 많이 자게 되면 이러한 욕망이 사라지게 되는데, 한 달에 2번 정도 자게 되면 욕망은 사라지지 않는다. 뭔가 아쉬운 듯하면서 또 시간이 지나면 저절로 채워지고, 여자가 보고 싶고 여자에게 더 잘하고 싶은 노력하는 마음이 저절로 생긴다.

　일본 연애 전문가 사마 준이치는 속옷을 이용하라고 조언한다. 필자 또한 이 말에 동의한다. 섹스에는 여러 가지 목적이 있다. 서로 즐기기 위한 목적, 사랑을 확인하는 목적, 그리고 내 남자를 지켜주는 목적도 있다. 더 나아가서 결혼하고, 생물학적으로 종족 보존하기 위해서 섹스를 한다. 연애 중이라면 깊은 사랑을 확인하고, 정서적 친밀감을 느끼게 하고 더 많은 사랑과 정을 느끼게 하는 것은 섹스밖에 없다. 실제 섹스가 잘 맞는 커플들은 잘 헤어지지도 못한다. 흔히 이러한 커플들을 우리 한국말로 속궁합이라고 말하지 않은가? 그러나 우리가 맛있는 음식도 많이 먹으면 질리듯, 섹스도 자주 하게 되면 질린다는 사실을 명심해야 한다.

결혼을 미루는 남자와 결혼하는 방법

· · ·

    궁극적으로 여자들이 살아가는 목적은 기쁨(행복)을 얻는 것이다. 이 기쁨은 여러 곳에서 찾을 수 있다. 춤을 추면서, 낯선 곳을 여행하면서, 맛집이나 백화점에서 쇼핑하면서, 절친과 호캉스를 가서 밤새도록 수다를 떨면서도 느낄 수 있다. 하지만 제일 큰 기쁨은 내 마음을 알아주고 공감해주는 사람(남자)이 있을 때 가장 큰 기쁨을 얻는다. 이것이 바로 연애 중에 사랑받을 때 얻는 기쁨이다. 물론 이보다 더 큰 기쁨은 청혼받고 결혼하는 것이다. 여자들은 어떤 사람이든 관계를 정확하게 설정하고 맺는 것을 좋아한다. 우리 또는 애칭, 둘만의 애정을 표현들… 하지만 남자는 다르다. 남자들은 여자들이 관계를 통해 안정감을 얻는 기쁨보다 남에게 칭찬을 듣거나 그룹에서 인정받고, 직장에서 능력을 인정받고, 더 나아가서 뭔가 목적을 이루고 성취할 때 가장 큰 기쁨을 얻는다. 사실 남자에게 연애는 사랑보다 성취감이 더 크게 느껴진다. 더 솔직하면 남자는 여자보다 일이 우선이고, 명예가 우선이고, 감투가 우선이고, 자동차가 우선이다. 물론 여자 앞에서는 '너가 제일 소중해' 라고 말하지만….

　필자가 상담할 때 못 그리는 그림을 그려가며 남자 머릿속과 여자 머릿속을 설명해 준다. 먼저 여자 머릿속에는 피부, 미용, 성형, 옷, 다이어트, 여행, 가방, 사랑, 연예인, 남자친구, 연애 얘기밖에 없다. 카페 가면 여자들은 앞의 주제 말고 다른 얘기는 절대 하지 않는다. 반대로 남자들은 단순하다. 남자들은 시곗바늘처럼 돈, 섹스, 권력밖에 없다. 구체적으로 말하면 남자의 머릿속은 돈(일), 섹스(여자), 권력(명예, 감투)이다. 남자들은 돈이 없으면 일에 열심히 집중한다. 취준생이거나 갓 입사한 신입사원이면 주변 사람에게 인정받고자 더욱이 열심히 일한다. 여기서 돈이 모이게 되면 여자를 만나고 연애를 하게 된다. 정상적인 남자는 돈이 없으면 여자를 잘 만나려고 하지 않는다.

일과 연애를 통해 남자는 더욱더 안정감을 키우면서 부를 축적하기 시작한다. 이 시기가 40대쯤 되면 종종 희귀한 현상도 발생하곤 한다. 혹시 남자들이 차 바꾼 다음에 마누라를 바꾼다는 말을 들어 보았는가? 항상 남자들은 차 사고 난 다음 새로운 연애를 시작한다. 40살 넘어서 돈이 많으면 더 높이 올라가고자 한다. 명예를 얻고자 무슨 대표, 무슨 회장, 무슨 의원, 구청 시의원으로 나가고 싶어 한다. 이러한 코스가 남자들이 성공하고자 하는 목표다.

여자들은 사람과의 관계를 소중히 생각하면서 항상 일체감과 공감하면서 사는 반면, 남자들은 뭔가 성취를 통해서 인정받고 안정감을 얻고 더 나아가서 여자를 보호하고 지키고 종족 보존을 한다. 이것이 예로부터 내려온 남자들의 DNA 구조다. 그렇다면 왜 남자들이 일에 집중하는지 조금 이해가 될 것이다. 우선 남자는 일이 안되거나 일이 없으면 무기력해진다. 남자로서 자신감도 없어지고 불안해하며 심지어 말수도 줄어든다. 어떤 남자들은 발기도 안 되고, 사정도 안 되는 경우도 있다. 물론 여자들도 남자처럼 일에 집중하고 일에 열중한다. 하지만 남자와 여자가 일할 때 마음의 자세는 다른 것이다.

여자는 일하면서 육아도 돌보고 결혼해서 형편이 나아지면 전업주부도 생각한다. 하지만 남자는 오로지 일만 생각한다. 일을 통해서 인정받고 사회에서 성공하고, 더 나아가서 처자식을 먹여 살려야 된다는 생각때문에 더 긴장하고 절실하게 살 수밖에 없다. 만약 남자친구가 일할 때 연락이 잘 안된다고 투정 부리거나 사랑을 자주 확인하게 되면 실연 당할 가능성이 매우 높다. 남자들은 여자들처럼 속마음을 디테일하게 표현을 못 하고, 혼자서 속으로 생각하면서 버티거나 말없이 참는 것이 남자라는 종족들이다. 그렇다면 어떻게 해야 하는가? 말없이 지지해주고, 조용히 기다려주면 되는 것이다.

　여자들이 연애 초반 관계를 설정하고, 더 나아가서 결혼까지 안정적으로 가기 위해서는 무엇을 보고 깨달아야 하는가? 단순히 연애 초반 남자를 선택할 때, 남자가 끌린다고 깊게 사귀는 것보다 일단 안정적으로 연애가 계속 전개될 것인지, 즉 결혼할 상황이 될 수 있는 남자인지 아닌지를 보는 안목이 더 중요하다. 구체적으로 말하면 앞으로 5년 동안은 남자에게 이직이나 실직 등 큰 변화가 없다고 판단이 될 때다.

　연애 초반이나 소개팅 자리에서 말만 그럴듯하게 해놓고 "결혼은 언제쯤 하고 싶으세요?" "혹시 자녀는 몇 명 낳고 싶으세요?" "저는 이번에 여자 만나면 진짜 결혼 생각하고 진지하게 만나야 하는데 어떠세요?" "우리 결혼을 전제로 진지하게 한번 만나 볼까요?" 이렇게 말하는 남자. 필자는 30%만 믿고 시작하라고 말해주고 싶다. 이런 질문을 한다고 해서 남자가 진짜 결혼하자고 하는 것이 아니다. 한두 번 속은 것이 아니지 않은가?

그렇다면 좋아하는 남자와 결혼하기 위해서는 어떻게 해야 하는가? 앞서도 설명했듯이 먼저 남자에게 지속해서 편안함을 제공해주고, 최소 1년 정도 크게 싸우지 말고 잘 지내야 한다. 필자에게 장기간 고정적으로 상담받는 여자들이 많이 있는데, 필자는 1년 동안 어떤 일이 있더라도 싸우지 말라고 한다. 부당하면 말없이 울기만 하라고 한다. 1년만 지나면 남자가 적극적으로 결혼하자고 한다. 결국 감정 조절이 중요한 것이다. 갑질은 결혼하고 나서 하면 된다. 그 전에 발톱을 보여서는 안 된다.

자, 구체적으로 남자에게 언제쯤 결혼 얘기를 꺼내고 그 이후에 어떻게 행동을 해야 하는가? 연애는 사계절은 만나보아야 한다는 생각이 정형화되어 있다. 그리고 그의 지인이나 가족에게 인사를 하고 같이 식사를 했다면 그때 타이밍을 잡는 것이다. 정확히 말하면 1년은 사귀고 남자가 주변을 오픈한 뒤 결혼을 말하는 때다.

"나는 오빠만 괜찮다면 내년이라도 결혼하고 싶은데 오

빠 생각은 어때?"이때 남자가 "아직은" 또는 "1~2년 정도 시간이 더 필요해"라고 말할 경우, 더 이상 결혼 얘기를 꺼내면 안 된다. 대부분 여자들은 여기서 많은 실수를 하게 된다. 자신이 원하는 답을 듣지 못해서 남자가 결혼 생각이 없다는 것으로 믿고 거절당했다고 생각해 버린다. 이때부터 여자들은 엄청나게 감정 조절 못하는 모습을 보여주게 된다. 쉽게 말해서 나를 사랑하지 않는다고 생각하여 불안함이 지배하여 감정적으로 변한다. 이 시기에 표정 관리를 못해서 그 이후부터 관계가 엄청나게 어색해진다. 소위 요즘 말로 쎄… 해지는 것이다.

남자가 시간이 더 필요하다고 말할 때 "생각해보니 오빠 말이 맞는 것 같아." 그 순간을 모면하면서 다시 결혼할 수 있는 분위기나 요소들을 만들어야 나가야 한다. 남자는 여자에게 결혼 얘기를 듣고 나면 솔직히 여자보다 더 부담 갖고 초조해지기 마련이다. 여기서 감정적으로 "나랑 결혼 생각이 없는 거야?" "오빠는 결혼 생각 없이 지금까지 나를 만난 거야?" "오빠. 나 안 사랑해?" 하면 연애를 망쳐버리고 헤어지게 되는 것이다.

한번 이성적으로 생각을 해보자. 남자가 아직 결혼 준비가 안 되었다고 말하면 그 순간 "알았다" 하면서 기다

연애가 힘든
당신에게

려주는 여자에게 더 마음이 가고, 더 잘해주고 싶고, 빨리 결혼해야겠다는 생각이 들지 않겠는가? 남자는 돈이 없는 것도 서러운데 여자가 감정적인 모습을 보이면 얼마나 부담스럽고 여자가 짐처럼 느껴지겠는가? 앞서 언급했지만 남자는 결혼 안 해도 일만 있으면 얼마든지 만족하면서 혼자 살 수 있는 존재다. 조금 더 구체적으로 말하면 남자는 연애만 하고 있으면 얼마든지 섹스도 하고, 자유롭게 지낼 수 있기 때문에 지금 당장 결혼하지 않아도 잘 지낼 수 있다. 절대 여자처럼 조급하거나 초조하지 않다. 남자 나이가 40대라도 자기보다 어린 여자를 얼마든지 만날 수 있기 때문에 남자 앞에서 결혼을 재촉 또는 지속적인 결혼 압박을 하게 되면 두 사람의 연애는 서로 눈치 보면서 어색해지는 것이다.

사람마다 생각이 다르고 처한 상황이 다르다. 결혼을 사랑해서 하는 경우도 있고, 아니면 어쩔 수 없이 하는 경우도 있다. 나이 때문에 하는 경우도 있지만, 요즘은 결혼의 타이밍이 경제력을 갖추고 난 이후가 대부분이다.

친구들이 다 유부녀고 자기만 안 했다고 해서 만난 지 얼마 안 된 남자에게 결혼 얘기 꺼내서 차이는 상황을 만드는 게 필자가 보기에는 제일 안쓰럽고 답답하다.

그렇다면 사귀고는 있지만 결혼 생각이 없는 남자를 어떻게 구별해야 할까? "당분간 결혼 생각이 없다." 또는 "하게 되면 5년 후에 가능할 것 같다." 이러한 말을 하는 남자들이다. 이러한 남자들을 제일 경계해야 한다. 이 말은 너와 결혼하기 싫다는 뜻이다. 남자들의 진정한 속내는 간단하다. 현재 나를 만나면서 더 좋은 여자가 나타나기를 바라며 시간 때우고 있다는 것이다. 즉, 나를 결혼 대상으로 안 본다는 것이다. 온갖 협박이나 울면서 말해보아도 절대 안 듣는다. 그냥 말없이 연락 끊고 잠수타는 게 그나마 남자에게 충격을 주고, 희박하지만 한 번 더 남자를 매달리게 하는 방법이다.

연애가 힘든
당신에게

돈이 없어서
결혼 못 하겠다는 남자와
결혼하는 방법

．
．
．

보통 남자들이 첫인상으로 여자를 선택하는 기준은 어리고 예쁘고 날씬한 여자들이다. 보편적으로 연애할 때는 예쁘고 날씬한 여자를 많이 좋아하지만, 나이가 30살이 넘어가고 결혼할 시기가 다가오면 매우 현실적, 계산적으로 변하며 여자의 경제력과 생활력을 많이 본다.

남자들은 여자가 자신보다 많이 벌어오지 않아도 되지만 최소한 안정적이고 계속 일할 수 있는 직장을 선호한다. 그래서 억대 연봉의 남자가 아니라면 결혼하고 싶은 여자 직업을 교사, 공무원으로 꼽는다. 남자들이 이런 생각을 가지게 된 이유는 뭐라고 생각하는가? 간단하다. 우리 사회가 급격하게 산업화되면서 부동산이 천정부지로 올랐고, 물가 또한 너무 비싸기 때문에 남자들은 자기가 혼자 벌어서 여자를 먹여 살릴 수 없다는 것을 이미 잘 알고 있다. 그래서 요즘 남자들은 대놓고 자기는 맞벌이 안 하는 여자랑은 결혼하기 싫다고도 말한다. 반대로 여자들은 남자를 선택할 때 기준은 다양하다. 먼저 느낌이 마음에 들어야 한다.

구체적으로 말하면 같이 밥을 먹을 수 있어야 하고 같이 길을 걸어갈 수 있는 남자다. 여자들은 같이 밥을 먹을 수 없는 남자를 소위 말해서 '비호감'이라고 한다. 같이 밥도 먹고, 길을 걸을 수 있으면 그 남자와 섹스도 할 수 있다. 흔히 이런 남자들을 '호감'이라고 한다. 그런데 느낌이 안 오면 남자가 아무리 잘해준다고 해도 마음이 가지 않는다. 여자들도 이성을 선택하는 데 있어서 젊을 때는 잘생기고 키 큰 남자를 선호한다.

그런데 키 크고 잘생긴 남자가 바람을 피우거나 아니면 젊은 여자들이 많이 다가온다는 사실을 알고 나면, 여자들도 그때부터 남자를 찾는 눈이 달라진다. 잘생긴 남자보다 안정적인 것을 선택하게 된다. 좀 푸근해도 결혼하면 괜찮을 것 같다는 남자를 선택하게 된다는 것이다. 실제 잘생기기만 한 남자를 만나서 평생 고생하는 여자들도 많이 있다. 대표적으로 세기의 미남 영화배우 알랭 들롱Alain Delon이다. 그에게는 평생 많은 여자들이 따라다녔다고 한다. 그의 아내 나탈리 들롱은 평소 잔소리도 안 하고, 속된 말로 엄청 참고 살다가 결국은 인내에 한계를 느껴 이혼했다고 한다. 요즘은 얼굴만 잘생기면 남자가 결혼한 유부남이어도 들이대는 여자들이 많이 있다. 그래서 여자들도 젊을 때 연애는 잘생긴 남자, 결혼은 안전을 많이 고려하는 추세이다.

요즘 왜 비혼주의가 늘어날까? 이미 결혼한 것처럼 생활하고 있기 때문이다. 과거에는 손만 잡아도 책임을 져야 하는 시대가 있었다. 이 시기가 1970~1980년대다. 통금이 있었을 시기, 자정이 넘어가서 집에 못 들어가고 밖에서 경찰에게 단속 걸리면 유치장에 가서 하룻밤 자고 벌금도 냈던 시절. 그래서 남자들이 여자랑 같이 있고 싶을 때 통금 시간을 많이 이용했다고 한다. 이런 분위기 때문에 한국 남자들은 여자랑 자면 반드시 책임을 져야 한다는 생각이 사고에 깔려 있다. 만약 책임을 못 지면 혼인빙자간음죄로 6개월 감옥 가고 전과 1범이 되면서, 벌금 500만 원도 내는 처벌을 받는 경우가 있었다. 그래서 과거에는

법이 무서워서 마음이 식어도 웬만하면 다 책임을 지고 결혼했다. 그런데 개인의 인권을 침해한다고 해서 2009년도에 폐지되었다. 2009년부터 남녀가 사귄다면 자연스럽게 섹스하는, 그야말로 프리섹스 시대가 본격화가 되었다. 혼인빙자간음죄가 폐지(2009년 11월 26일)되고 나서 대한민국은 주5일제(2004년 7월 1일)근무를 하게 되었다. 그래서 금, 토, 일을 남자친구와 같이 보내거나 여행을 가는 분위기로 변해버렸다. 이런 환경에서 남자들의 사고가 어떻게 굳어진 줄 아는가?

예를 들어 직장에서 근무하는 동안 무상으로 K5를 렌트해 준다고 하자. K5 소유는 회사지만 실제 차를 마음대로 운행할 수 있도록 회사에서 무상 임대해주었다고 하자. 그런데 렌트 받은 차가 있는데도 불구하고 새 차를 한 대 더 구입하고 싶은 사람이 있겠는가? 당연히 없지 않겠는가? 왜? K5 잘 타고 다니기 때문이다.

사람도 마찬가지다. 주말에 한 번씩 같이 생활하고, 밤을 보내고, 여행을 가는데, 굳이 결혼을 해야 할까? 물론 결혼하면 더 안정적이지 않을까 생각을 하는데, 주말에 같이 밤을 보내고 연애하고 있으면 결혼한 것이나 마찬가지라고 생각한다. 또 결혼하면 법적으로 책임을 져야 하는데 연애만 하면 얼마든지 결혼한 것과 비슷한 생활을 할 수 있기 때문에 지금 당장 결혼해야겠다는 필요성을 느끼지 못한다. 물론 남자가 지금 만나는 여자에게 두 번 다시 이런 여자 만나지 못하겠다! 확신이 든다면 남자는 결혼에 뜸 들이지 않고 추진한다. 그러나 이런 남자는 현실에서 많이 없다. 그래서 연애 할 때 단순히 애정으로 상대를 선택하는 것보다 남자의 직업, 나이, 집안, 경제적으로 안정되었는지 먼저 잘 살펴보아야 한다.

상담 사례 중 5년 연애 중인 커플이 있었는데, 남자가 취직을 늦게 해서 모은 돈이 없는 상황이었다. 사실 이런 남자와 결혼하기는 쉽지 않다. 그러나 필자는 이 남자의 인성과 모습이 지금보다 나중에 괜찮아질 것이라고 확신이 든다면, 여자에게 믿고 결혼을 결심하라고 말한다. 그런데 남자는 늦게 취직했기 때문에 모은 돈도 없이 섣불리 결혼하자고 말하기가 어렵다. 이런 남자와 결혼하려면 처음부터 아파트에서 시작하거나 남들과 비교하면서 좋은 신혼집에서 살려고 하는 생각은 버려야 한다. 그냥 남자 하나만 보고 결혼한다고 생각하고, 그를 먼저 안심시켜 주어야 한다. 시나리오 하나를 만들어서 남자의 생각 속에 여자의 생각을 심어 놓아야 한다.

예를 들어 친구 3명과 여행을 갔는데 남자친구가 잘 모르는 고등학교 친구로 설정하는 것이 좋다. 고등학교 때 친구 A가 얼마 전에 결혼 준비하다가 끝이 났다고 말을 던진다. 그 애가 파토난 이유가 이제 갓 취직한 남자친구에게 결혼할 때 집은 반드시 너가 해야 하며, 2억 원 정도 준비 해오라고 강요를 했다고 하자. 그때 나는 그 말 듣고 화가 나서 "너 미친 것 아니니? 갓 취직한 남자가 돈이 얼마 있다고 그렇게 많은 돈을 해오라고 했냐고? 너는 얼마 해 갈 수 있는데?" 친구에게 따지듯이 말을 했고, 친구와 싸울 뻔했다고 한다. 그러면서 나는 정말 사랑하는 사이라면 돈이 중요한 것이 아니라 옥탑방이나 작은 집에서도 시작할 수 있다며, 또 만약 사랑하는 사람과 결혼한다면 그렇게 할 예정이야! 이런 식으로 친구에게 말했다고 하면서 위로받고 공감받는 척하며 남자친구에게 흘리는 것이다.

이런 이야기는 둘이 여행을 가거나 걷고 있을 때 가볍게 던지는 것이 좋다. 그러면 남자는 다 듣고 있으면서 속으로 여자 생각이 바르고 개념이 있다고 생각하고, 이 여자와 반드시 결혼해야겠다고 이미 다짐을 해버린다. 이런 대화를 하고 난 뒤 최소 1년 정도 지나서 남자친구와 여행 가서 같이 잠자리할 때 그에게 요구해보자. 그에게 안기면서 "나는 자기 옆에 이렇게 평생 같이 있고 싶은데,

그렇게 해도 돼?"했을 때, 남자친구가 "응"이라고 대답하면 그때 "작은 집도 괜찮으니 우리 검소하게 결혼하면 좋을 것 같아"라고 말하면 남자는 마음으로부터 감동한다. 왜? 이미 작은 집에서 살 준비가 되었다고 미리 말하였기 때문이다. 그리고 더 빨리 결혼하고 싶으면 결혼하자면서 자신이 가지고 있는 돈의 70%가 든 통장을 남자친구에게 주는 것이다. 이 돈으로 우리 수준에 맞게 결혼하자 말하면 남자는 감동하여서 결혼한다. 그런데 이렇게 하려면 남자의 지금 모습을 보고 결정하지 말아야 한다.

현재 안정적인 직장을 다니고 있으며 40살 이후에는 더욱이 안정적인 모습이 그려지고, 서로가 정말 사랑해서 헤어질 자신이 없는 사람이라면 해야 할 행동이다. 만약 처음부터 힘들게 신혼 생활하기 싫다하는 여자라면 절대 따라 하지 말아야 한다. (필자도 남자라서 갑자기 남자 입장을 대변해 보았습니다.)

식어가는 남자 마음,
매달리지 않고 역전시키기!

남자와 생각이 다르고
갈등이 생기기
시작할 때

.
.
.

    단순 호감으로 시작해서 좋아하는 마음이 점점 더 커져서 사랑으로 발전하는 것이 대부분의 남녀 관계다. 누구나 상대방을 처음 좋아할 때의 그 느낌을 기억할 것이다. 뭔가 이성적으로 설명하기 어렵고 말 그대로 격렬한 감정이 상대방에게 마냥 좋아 끌리기 마련이다. 좋은 감정 때문에 상대방에 대한 단점은 전혀 보이지 않고, 대화도 너무 잘 통하고, 갈등도 전혀 일어나지 않을 것처럼 상대방을 바라본다. 또한 상대방이 조금 늦더라도 하품하더라도, 심지어는 담배 냄새가 난다고 할지라도 전혀 아무렇지 않고 매력적으로 느껴진다.

물론 처음은 서로가 만날 때 잘 보이기 위해 긴장도 하고, 옷도 신경 써서 입고, 약속 시간도 잘 지키고, 밥 먹을 때 흘리지 않을까 조심스러운 모습도 보이고, 운전할 때도 천천히 운전하며 상대방에게 매너 있는 모습을 보이려고 노력한다. 그런데 이런 모습도 상대방에게 익숙해지고 편안해지면 긴장감이 사라진다. 그때부터 사람은 누구나 자신의 고유 천성, 자기 기질이 나오기 시작한다. 이런 모습이 몇 번 반복되면 서로가 생각했던 이미지가 조금씩 달리 보이기 시작하면서 실망을 느낀다. 예를 들어 처음은 그가 자상한 남자인 줄 알았는데 겪어보니 바보 같고 우유부단하게 느껴지고, 남자답게 보였는데 가끔은 욕도 하고 성격이 폭력적이고 무식하게 느껴진다. 이러한 경험은 극소수 여자들만 경험하는 것일까? 아니다. 말을 안 해서 그렇지 대부분 여자들이 경험하는 것이다.

　갈등이 일어나고 싸우는 원인은 여러 가지 있겠지만 이 장에서 주로 남녀 관계에 본질에 대해 다루고자 한다. 근본적으로 어떤 이유로 남녀 관계는 싸우는 것일까? 앞서 여자는 매일 사랑을 확인받고 남자가 애정 표현을 자주 해 주기를 원한다고 했다. 자주 만나서 같이 밥도 먹고 싶고, 공원도 같이 산책하고 싶으며, 가까운 여행도 자주 가고 싶고, 둘만의 추억을 많이 만들고자 한다. 또한 무엇을 하든지 항상 같이하고 싶고, 빨리 결혼하고 싶어하는 마음이다. 관계지향적 사고방식이 많이 깔려 있다. 반대로 남자들은 연애 초반 여자에게 노력하였기 때문에 이제는 좀 자기 할 일, 자기 삶에 집중하면서 편하게 연애하고자 한다. 쉽게 말해서 만나는 것을 연애 초반과 다르게 좀 줄이고, 연락도 눈치 안 보고 자기 할 일 다 한 뒤 시간 날 때 하고 싶으며, 연애보다 일과 자유를 우선으로 하는 자신을 이해해주었으면 하는 것이 남자들의 마음이다. 독립적이지만 여자 입장에서 보면 이기적이다.

여자 입장에서는 함께하지 않는 남자 모습이 야속하게 느껴진다. 남자들이 자기 일이나 자기 삶에 집중하면서 여자친구에게 연락을 잘하지 못하고, 신경을 잘 쓰지 못하게 되면 그때부터 여자들은 서운해지기 시작한다. 자신을 사랑하지 않는 것 같고 예전하고 다르게 변한 것처럼 느껴지며 처음 나에게 고백했던 약속하고 다른 것 같기 때문에, 이러다가 마음이 식어서 헤어지지 않을까 하는 불안한 마음이 생기기 시작하면서 대부분의 연애 갈등은 이런 개념에서 출발한다.

여기서 어떻게 하면 갈등이 해결되겠는가? 대화를 많이 하고 연락을 자주 해달라고 해서 갈등이 해결될까? 그 순간은 안심이 될지 모르겠지만 일시적이다. 주변 친구들에게 이런 상태를 알리고 고민이 되어 상담하게 되면, 친구들은 "마음이 좀 뜬 것 같다." "너희들은 대화가 부족한 것 같다"라는 말을 할 것이다. "마음이 뜬 것 같다."는 말을 들으면 더 불안해서 사랑 확인받고자 연락을 더 독촉한다. 또 지금 자신의 불안한 마음을 자기에게 더 집중해 달라고 대화하는 방식으로 얘기하게 되며 이때부터 더 많이 싸우게 된다. 왜? 어쩔 수 없다. 여기서 남자의 입장, 여자의 입장이 명확하게 차이 나기 때문이다. 여자는 자기에게 관심 더 가져달라하고, 남자는 자기 일에 집중하고 나서 너한테 집중하겠다고 하니 당연히 싸울 수밖에 없지 않겠는가? "잠시 쉬면서 또는 화장실 가면서 연락도 못 하나?" 이렇게 말하면 남자들은 자기 고민과 연구하는 것에 몰두하다 보면 여자 생각이 하나도 안 나는데 어떻게 하란 말인가? 속으로 하소연한다. 그래서 필자는 남자 여자 갈등이 있을 때 대화를 많이 하는 것을 권하지 않는다. 왜냐하면 하면 할수록 서로의 생각 차이와 입장 차이 밖에 발견하지 않기 때문이다. 또한 대화의 이면에는 남자에게 개선을 요구하는 것밖에 들어있지 않아서 남자 입장에서 얘기를 들으면 자기를 이해 못 해주고, 편안하게 못 해준다고 생각하여 불편함을 느끼게 된다. 이러한 갈등이 계속 반복되고 누적되면 남자는 부담을 느껴 이별을 말하는 경우도 많이 있다.

이렇게 해서 여자들이 많이들 헤어지게 된다. 그렇다고 무조건 다 이 틀에서 벗어나지 못하고 헤어져야 하는 건가? 연애하면서 남녀의 기본적인 차이점을 생각해보자. 필자는 남녀가 연애해서 헤어지면 여자가 더 손해 본다고 주장하는 사람이다(필자의 개인적인 생각입니다). 무슨 말이냐? 똑같은 남자 30살, 여자 30살 나이가 같다고 해서 결혼 시장에서 똑같이 보는가? 그렇지 않다. 속된 말로 여자는 나이 먹으면 먹을수록 사회적으로 손해 것이 맞다. 왜냐하면 남자는 나이 먹어도 어린 여자 만날 수 있는 것이 현실이기 때문이다. 또한 여자 입장에서 새로운 남자를 만나서 새롭게 연애를 하더라도 이런 비슷한 남녀 차이에서 생기는 갈등을 반드시 경험하게 된다.

서로의 생각의 차이를 극복하지 못해 관계를 유지 못하고, 헤어지려고 생각하면 솔직히 이 세상에 만날 남자는 없는 것이다. 필자는 남자가 손찌검하거나 다른 여자와 바람을 피워서 모텔을 갔거나 사이버 도박을 해서 빚이 억 단위가 아니라면, 웬만해서 참고 관계를 잘 이어가라고 조언한다. 헤어지면 마음에 상처는 당연한 것이고, 또 시간 낭비했다는 생각이 많이 들기 때문이다. 여자만큼 주변 시선을 많이 의식하는 존재들이 어디 있겠는가?

남녀 관계에 갈등을 해결하는 방법은 대화가 아니다.

먼저 지금 이렇게 전개되는 남녀의 차이를 깊이 이해하는 것이다. 그리고 기본적으로 마음 밑바탕은 이해와 양보, 그리고 희생하는 마음이 깔려 있어야 한다(그리고 결혼하려면 이런 생각을 가지고 있어야 한다. 단순히 사랑만 받으려고 결혼하면 엄청나게 상처받는 단체생활이 결혼이다). 이렇게 말하면 여자 입장에서 부당하고 손해 보는 것처럼 느껴진다. 그러나 어쩔 수 없다. 관계를 유지하고, 또 자신이 결혼까지 생각한다면 좀 손해 보고 양보해야 한다는 생각도 해야 한다. 그래야 남자 마음을 얻을 수 있기 때문이다. 앞에 3장 〈롱런하는 연애의 비결!〉에서 설명한 남자에게 잘해주는 방법과 똑같다. 먼저 대접해주고 존중해주어야 한다.

남자에게 내가 먼저 양보를 하고 일정 부분 맞추어 주는 것이다. 남자가 혼자 있고 싶다면 혼자 있게 해주고, 보고 싶다고 하면 같이 있어 주고, 또 연락이 잘 안 되면 잔소리하지 않고, 이런 모습을 최소 6개월 정도 실행하는 것이다. 그렇다면 남자는 여자에게 어떤 감정이 생기겠는가? 정말 좋은 여자고 자신을 편안하게 해준다고 생각을 한다.

이때 남자가 조금 서운하게 하거나 연락이 잘 안 될 때 1~2주 정도 연락을 끊고, 거리를 두면서 극단적으로 잠수타면 어떤 현상이 일어날까? 남자는 미친 듯이 여자에게 매달린다. 이런 모습을 보게 되면 여자는 남자에게 확신을 느끼고, 관계에 자신감도 생기고, 또 미래가 보이고, 더 나아가서 남자에게 함께 한다는 약속을 받아 낼 수가 있다. 남녀 관계에 갈등은 대화로 푸는 것이 아니라, 먼저 양보하고 이해하고 기다려주면서 남자에게 미안한 마음을 만들어 놓아야 한다. 그리고 남자가 나에게 서운하게 할 타이밍을 잡아 그 시기에 맞게 거리 조절을 하면서 남자 마음을 확인하면서 풀어나가야 한다.

필자는 남녀 대화에 대해 많이 연구하고 현장에 적용시켜 보았는데, 연애 초반 말고는 남녀 대화가 잘되지 않는다. 뭔가 남자가 미친 듯이 매달리는 그런 상황을 만들고 경험하면서 '서로의 관계가 특별하다'는 방식으로 관계를 끌어나가는 것이 여자에게 유리하다. 그렇게 하기 위해서는 처음은 여자가 희생하고 손해보는 것처럼 보여야 한다.

연애라는 것이 처음은 여자한테 유리하다. 사귈지 말지 결정할 수 있는 권한이 여자에게 있기 때문이다. 하지만 관계를 이어 나가고, 결혼으로 결정할 수 있는 권한은 대부분 남자가 가지고 있다. 그리고 6개월 이후부터는 여자들이 더 많이 남자를 좋아하게 된다. 큰 그림 설계를 위해 장기적인 안목을 가지고 자기 감정조절을 하면서 남녀 관계를 잘 이어나가야 한다.

남자친구의 핸드폰에
소개팅 어플이 깔려 있고,
다른 여자와
바람피운 흔적이 있을 때

.
.
.

　필자는 남자 입장에서 여자를 상담할 때 정말 깜짝 놀랄 만큼 여자의 직감이 정확할 때가 있다. 또 너무 스토커 기질이 있어서 가끔은 우스갯소리로 나중에 탐정이나 흥신소 이런 거 하시면 잘하실 것 같다고 말할 때가 있다. 사실 이러한 기질이 결코 좋은 것은 아닌데 그냥 제3자 입장에서 보거나 친구들이 볼 때 웃음이 나올 수밖에 없는 것 같다. 당사자 입장에서 웃프다(웃기면서 슬프다)고 해야 하나? 남자친구 핸드폰을 한번 보기 시작하면 계속 보게 된다. 이상한 문자나 카톡, 그리고 소개팅 어플이 깔려 있는지 그나마 야동 보는 것은 그냥 관대하게 넘어가는 경우도 있는데, 다른 여자와 대화를 나누거나 소개팅 어플을 깔아서 만남을 시도한 것을 보게 되면 화를 내고 경계한다. 문제는 핸드폰을 보기 시작해서 계속 봐야 직성이 풀리고, 안 보면 엄청 궁금해서 못 견디는 경우다. 핸드폰을 보게 되면 새로운 통화 내역, 카톡 내역을 유심히 살피게 된다. 뭔가 새로운 사람과의 대화가 생기면 '누구지?' 하면서 계속 의심하고 경계하기 시작한다. 그리고 상대의 카톡 대화, 프로필 사진, SNS 인스타까지 찾아서 상대의 신상을 파악한다. 핸드폰이 너무 깨끗해도 혹시 나 만나기 전에 미리 다 지우고 만나지 않았을까 의심하게 된다.

그러다가 남자친구가 핸드폰 감시를 알게 되어 패스워드 변경하는 경우도 있다. 그렇다고 여자 입장에서 핸드폰 보는 것을 쉽게 포기를 하겠는가? 주말에 같이 밤을 보낼 때, 자고 있는 남자친구의 손가락을 끌어서 패스워드를 푸는 경우도 있다. 자신도 모르게 엄청 꼼꼼하게 체크하게 되는 것이다. 그런데 핸드폰을 계속 보기 시작하면 문제는 중독처럼 습관이 된다는 것이다.

남자친구 핸드폰을 차라리 처음부터 안 봤다면 어땠을까? 일본 속담에 '봉사는 독사를 두려워하지 않는다'는 말이 있다. 남자 친구 핸드폰을 차라리 처음부터 안 봤다면 어땠을까? 보면 볼수록 괴로워지는 것이 남자 친구 핸드폰이다. 남자 친구 핸드폰을 보고 단속한다고 해서 남자 친구와 사이가 좋아지고, 또 근본적으로 남자 친구가 핸드폰에 소개팅 어플을 안 하는 것은 아니지 않은가? 애인 사이는 부부 사이도 아니고, 식구도 아니다. 각자의 삶이 있기 때문에 하루 종일 감시 할 수는 없다. 오히려 그런 느낌이나 그러한 흔적이 있을 때, 자신을 향한 채찍질로 생각하면 어떨까 필자는 생각한다. 잠시 그가 다른 사람과의 바람 흔적을 보이면 '나한테 싫증을 느끼기 시작했나?' 이런 생각 하면서 자신 가꾸기 모드에 들어가는 것이다. 다이어트하고, 머리도 미용하고, 보톡스도 맞고, 새로운 옷도 입으면서 자신을 관리하는 것이다.

실제 핸드폰을 보고 소개팅 어플이 깔려 있는 것에 대해 남자친구에게 질문하면 뭐라고 대답할까? "남의 핸드폰 왜 보았냐고" 기분 나쁘게 말하면서 소개팅 어플이 깔려있는 것보다 자기 핸드폰 본 것에 대해 더 화를 내며 믿음이 깨졌음을 표현한다. 신뢰감이 깨졌다는 말로 모든 핑계와 잘못을 여자에게 돌린다. 아니면 거짓말을 이어간다. 남자의 친구가 IT업체를 다니는데 소개팅 어플을 개발한다고, 그 친구가 저번에 만났을 때 깔아달라고 부탁해서 깔았다고 핑계 대는 남자들도 있다. 또는 자기가 어떻게 깔았는지도 모르겠다면서 기억이 안 난다고 오리발을 내미는 남자도 있고, 온라인 쇼핑몰 구입할 때 할인해준다고 깔았다고 말하는 남자도 있다.

전부 거짓말이다. 그런데 오히려 자기 핸드폰을 확인한 여자친구에게 더 기분 나빠하며 그 순간을 모면한다.

아무튼 이러한 모든 것들이 그냥 바람기이며, 구체적으로 대화를 나누었다면 바람의 흔적이라고 보아야 한다. 그렇다면 어떻게 하면 좋겠는가? 여자 입장에서 생각이 많아진다. 헤어지고 싶지만 만났던 정도 있고, 무엇보다 아직도 사랑하고 있다. 그런데 계속 관계를 이어 나가려고 하면, 또 소개팅 어플을 할까봐 화나고 짜증나고 불안해하면서 그 순간은 어떻게 해야 할지 시간을 가지면서 고민한다. 결론은 다시 한번 더 잘 만나기로 한다. 그러나 마음은 여전히 불안함을 안고 시작하는 것 같다.

필자는 이런 경우 짧은 만남이라면, 옳고 그름으로 적용하고 오래 만났던 사이라면 이해와 득실을 따지라고 말을 한다. 옳고 그름은 말 그대로 모 아니면 도 아니겠는가? 그러나 오래 만난 사이라면 헤어짐이 쉽지 않다. 예를 들어 만난 기간이 1년 이상이고, 만나는 동안 남자친구가 나에게 잘했다고 하자. 또 결혼을 생각하고 만난 사이라

친구들도 만나고 양측 부모님께 인사도 드린 사이에서 소개팅 어플을 하다가 헤어졌다 하면, 기본적으로 여자들이 손해를 보는 게 많다.

그냥 덮고 갈 거라면 남자친구에게 다시는 소개팅 어플을 하지 말라고 강조해서 더 이상 그것으로 문제 삼지 않아야 한다. 좀 관대한 척해서 남자에게 미안하게 만들어 놓는다. 못 본척할 테니까 두 번 다시 나한테 이런 모습 보이지 말라고 말하고 자기 관리 모드에 들어가도록 하자. 그러나 남자친구가 단순히 소개팅 어플을 재미 삼아 대화 정도만 하고 놀았다면 모르겠지만, 만나서 몰래 데이트하고, 바람피우고, 심지어 잠자리까지 하였다면 이건 쉽게 용서가 되지 않을 것이다. 필자는 이런 경우 여자들에게 자기 하고 싶은 대로 하라고 한다. 주변에서 아무리 옳은 말을 한다고 할지라도 오래 만났거나, 또는 남자친구를 너무 사랑한다면 잘 헤어지지 못하는 것이 여자들 마음이다.

나중되면 후회할 걸 알면서도 그 순간 냉정하지 못해서 헤어지지 못하는 여자들이 바보처럼 느껴질 때가 있다. 그래서 사랑하면 바보가 된다는 말이 나오지 않았는가? 사랑하는 것과 함께 하는 것은 다른 것이다. 사랑은 아무런 이유 없이 단지 좋아하는 마음으로 할 수 있으나, 그 사랑을 유지하려면 기본적으로 그 사람의 바른 습관이나 조건(남자 주변, 친구 환경) 등이 받쳐주어야 한다. 왜냐하면 사랑은 시간이 지나면 반드시 마음 식는 시기가 있기 때문이다. 바른 습관을 가지고 있지 않는 남자들은 이 시기에 사고를 친다. 그래서 남자들의 조건이나 주변 환경이 중요한 것이다. 그리고 아무리 사랑하는 사람이라도 그가 앱을 계속해서 하고 다른 여자를 만나고 바람을 피운다면, 그 이후부터는 사랑이 아니라 매일 싸우는 막장으로 전개되는 연애밖에 되지 않는다. 이런 연애에서 남는 것이 뭐가 있을까? 돌아보면 시간 낭비처럼 느껴진다.

마음이
왜 식는가?

．
．
．

　이 책을 읽고 있는 여성 독자 가운데 현재 남자친구가 있다면, 지금도 남자의 마음이 식어 있다는 것을 알아야 한다. 필자는 여자들에게 절망과 좌절을 주려고 이 책을 집필한 것이 아니다. 정말 여자들이 연애하는 데 도움이 되었으면 하는 바람에 이 글을 쓰는 것이다. 먼저 연애를 하기 전 우리 인간의 나약한 본성을 어느 정도 이해하고 알기를 바란다.

　새 아파트를 장만해서 살게 되면 1년 정도는 기분이 좋다고 한다. 또 운전할 수 있는 사람이 신차를 구입하면 3~6개월 정도 기분이 좋다고 한다. 핸드폰 역시 새거 사면 3일 정도 잘 가지고 놀 수 있다. 그러나 한 달이 지나면 그냥 아무렇지 않게 침대에 툭 던지는 경우가 생긴다. 남자도 새로운 여자를 만나고 대개 30번 정도 자고 나면 마음이 식는다고들 한다. 그렇다고 대놓고 "나 마음이 식었다"고 말하지 않는다. 집이든 차든 핸드폰이든 사람이든 익숙하더라도 특별한 결함이 노출되지 않으면 바꾸거나 버리지 않는다.

사랑한다고 해서 무엇이 특별할까? 은밀히 말하면 연애도 사랑도 서로를 가지는 행위고, 조금 더 구체적으로 말하면 서로가 서로를 독점하는 관계다. 그런데 애석하게도 인간은 무언가를 가지고 싶을 때 간절히 원하고, 가지고 나면 아무렇지 않고, 가진 것에 문제가 생기거나 잃게 되면 다시 강한 집착이 생기는 존재다.

불교에 '삼라만상 재행무상 제법무아 森羅萬象 諸行無常 諸法無我'라는 말이 있다. 우주에 모든 사물은 다 변하게 되어 있다는 말이다. 여기서 우주라는 말은 지구상에 있는 사물, 생물, 사람까지 다 포함된다. 필자는 마음이 식는 것을 부정적으로 말하는 것이 아니다. 자연스러운 현상이라고 말하고 싶다. 식는다는 것은 거리감이 생기고 멀어지는 경우고, 반대로 뜨거워지는 것은 다시 사이가 좋아지고 가까워지는 것이다. 여자들은 남자 마음이 식었다는 것을 단순히 자신을 더 이상 사랑하지 않는다는 것으로 생각하거나 불안한 시작점으로 착각한다. 절대 그렇지 않다. 멀어지고 가까워지는 것이 연애고 우리 인생이다. 연인 관계나 인간 관계에서 좋아지고 안 좋아지고 계속 반복한다. 남녀 관계에서 이걸 모르고 잔소리하면 결국 오래가지 못한다. 그래서 남녀 관계는 기분대로 말하지 않고, 참고 인내하는 것이 중요한 것이다.

필자가 말하는 것이 막연하며 추상적으로 느껴질 수 있다. 수학적으로 정확한 것을 말하는 것이 아니다. 그냥 이해의 개념으로 받아들였으면 한다. 필자가 말하고 싶은 것은 식을 때 감정조절을 잘하고 함부로 말하지 않는 것이다. 여자들이 생각하는 만큼 남자들은 생각이 그렇게 복잡하지 않다. 여자에게 신경쓰지 못하고 마음이 식은 것처럼 집중하지 못하는 이유는 다른 일에 집중하고 있는 경우가 대부분이기 때문이다. 그리고 반드시 남자들은 하나 일이 마무리되면 그때서야 여자에게 집중한다. 이러한 남자들의 생각을 잘 이해하지 못하면 연애가 어렵고, 결국 관계를 유지하기 어렵게 된다.

그렇다면 남자들이 왜 마음을 닫고 헤어지려고 할까?

남녀가 처음 사귀기 시작하면 서로에게 반해 뜨거운 사랑으로 전개가 된다. 이러한 애착 관계는 시간이 지나면 습관처럼 익숙해지기 마련이다. 분명 남자의 성질과 여자의 성질은 다르다. 남녀가 사랑을 확인하고 나면 남자는 다른 고민에 집중하고, 여자는 더 깊어지기를 원하는데 이때 여자가 원하는 대로 안 될 경우 불안해하는 것이다. 그런데 애석하게도 남자들은 연애를 자신이 해야 할 일 중 하나로만 생각한다. 사귀고 3개월 정도 지나면 남자들은 자신의 상황에 맞게 띄엄띄엄 시간 날 때마다 잘해주면 된다고 생각해 버린다. 어떤 남자들은 평소 전화만 잘해주면 된다고, 주말에 한 번만 만나면 된다고, 또 가끔 만나서 여행이나 가면 된다고 생각하는 남자도 있다. 남자들은 이러한 자기 연애 방식을 여자들이 만족할 것이라고 많이들 착각한다.

남녀 관계는 연인 관계 이전에 각자의 삶과 처한 환경에 지배받고 살고 있다. 서로가 뜨거운 사랑을 확인하고 나면 자연스럽게 서로에게 관심이 줄어든다. 두 사람이 함께하는 시간보다 자신이 처한 환경에 지배받고 신경 쓰기 마련이다.

목표지향주의 남자들은 일과 공부에 집중하고, 관계지향적인 여자들은 더 깊은 사랑을 유지해 나가기 위해 노력한다. 이러한 성향과 생각의 차이는 많은 갈등을 낳게 된다. 매일 사랑을 확인해야 할 여자들은 이러한 남자의 습성을 이해 못하면 불안해진다. 단순히 자신을 사랑하지 않는다고 생각해서 결국 자신의 자존감까지 낮다고 의심해버린다. 이러한 생각의 차이는 결국 불만과 서운한 감정이 쌓이기 마련이다. 결국 불만이 서로에게 단점으로 보여서 부정적인 감정들을 낳게 한다. 사람은 근본적으로 독립된 인격이며 좀 이기적인 존재다. 갈등이 생길수록 입장을 바꾸어 놓고 생각하지 못하고 이기적이고 자기중심적으로 변하게 된다. 내 생각은 맞고 너 생각은 이상하다. 나는 옳고 상대는 나쁘다고 결론지어 버린다.

결국 처음에 뜨겁게 시작했던 사랑도 시간이 지남에 따라 서로의 차이점을 이해 못하면 이별하기 마련이다. 이 글을 읽으면 화가 날 것이다. 왜? 연애 문제가 생기면 서로 대화로 해결하면 되는데 왜 여자들만 노력하는가? 하는 불만이다. 애석하게도 애정전선에 문제가 생기면 여자들은 자신의 방법으로 그 문제를 해결하려고 노력한다. 사주, 신점, 타로, 연구소 등에 찾아간다. 하지만 남자들은 술을 마시거나 혼자 있고 싶어 한다. 화를 내기 이전에 내가 그를 정말 사랑한다면 이러한 차이점을 이해하는 것이 도움이 되지 않겠는가?

시인 라이너 마리라 릴케Rainer Maria Rilke는 사랑은 혼자만의 고독이며 외로운 독거라고 말을 했다. 그래서 끊임없이 인내로서 배우는 것이라고 말을 했다. 나는 릴케의 말이 시간이 지나면 지날수록 참 진리라고 생각한다.

권태기라고
느껴질 때

.
.
.

서로 좋아서 시작했던 연애가 어떤 이는 잘돼서 결혼하게 되고, 또 어떤 이는 잘 안 되어서 이별을 하게 된다. 지금 이러한 연애 책도 연애가 잘 안 되거나 이별하고 나니 더 잘 보이지 않은가? 그렇다면 이별 전에 느끼는 권태기에 대해 생각하고 극복하는 법에 대해 생각해보자. 연애의 처음은 누구나 쉽다. 특별하게 어장 관리하는 남자를 만난 게 아니라면 그냥 정석대로 남자는 열정을 보이며 여자에게 적극적인 구애를 한다. 말 그대로 자기감정을 표현해서 여자의 마음을 얻고자 노력을 한다. 여자는 이 시기에 남자를 잘 관찰하고 천천히 진도 조절만 잘하면 무난하게 연애를 시작할 수 있다. 전문가들이 한결같이 말하듯이 연애 초반은 먼저 친해지는 것이다. 특별하게 대화를 많이 한다고 해서 친해지는 것도 있지만, 대다수 남자는 여자의 첫인상에 반해서 맹목적으로 좋아하게 되고 마음을 더 열게 된다. 그래서 외모 관리만큼은 참 중요한 것 같다. 친해지고 나면 남자는 더욱더 확신과 열정을 보이는 시기다. 대체로 이 시기는 사귀자 말하고, 연애 초반 육체관계 시작 또는 전 단계다. 어쩌면 연애 초반이 가장 생동감 있고 재미있고 설레고 좋은 때다.

이러한 과정은 누구나 한 번쯤 다 경험해 보았을 것이다. 연애를 처음 말했던 프랑스의 소설가 스탕달Stendhal은 이 시기를 결정 작용이라고 표현했다. 섹스를 하고 나면 여자 시각이, 남자는 긴장감이 사라지면서 처음하고는 서로 다르게 느껴져 보인다.

권태기는 정확히 언제부터 시작되는가? 정확히 말하면 사랑이 시작되는 순간부터 사랑과 권태기는 함께 공존한다는 것을 깨달아야 한다. 권태기는 두 사람의 성향과 처한 상황에 따라 다르지만, 서로에게 익숙해지고 연락이나 관심도가 예전보다 떨어지면서 말수가 줄어들면, 표면적으로 권태기 증상이 나타난다고 보아야 한다. 이러한 권태기를 부정적으로 안 좋게 생각하는 여자들은 지혜롭게 잘 극복하지 못하고, 대화로 풀고자 해서 더 큰 다툼으로 이어지고 헤어지는 것이 오늘날 대부분의 연애다.

다시 한번 말하지만, 인간성이 아무리 좋고 착한 남자라도 권태기는 다 온다. 권태기를 부정적으로 보지 말고, 누구나 다 생기는 자연스러운 현상이라는 것을 이해해야 한다. 먼저 여자들이 제일 불안한 것이 뭘까? 권태기가 와서 마음이 식고 사랑받지 못할 것 같다는 불안감이 제일 크다. 그런데 이러한 생각을 하는 여자는 남자를 잘 모르고 너무 감정적으로 생각하는 것이다.

남자를 아는 만큼 사랑하는 데 있어 자유롭다. 연애 관계가 유지되고 안정기가 시작될 때, 남자는 여자에게 잘해주고 나면 잠시 혼자 있고 싶어 한다는 식으로 전개가 된다. 특히 섹스를 하고 나면 최소 3일에서 1주일 정도는 멀어지거나 형식적인 모습을 보이는 것이 대다수 남자의 모습이다. 물론 겉으로는 아닌 척하는 남자도 있지만, 대다수 남자는 목적을 완성했기 때문에 좀 쉬고 싶어 한다. 연애는 상대방을 구속하는 동시에 구속당하는 관계다. 그런데 이상하게도 남자는 초반만 구속하고, 섹스하고 나면 독립적 욕구가 더 강해진다. 쉽게 말해서 섹스하고 난 뒤 며

칠간 연락이 줄어들거나 말수가 줄어들 때 아무 소리 안 하고, 오는 연락만 잘 받으면 남자는 여자를 엄청 좋은 여자라고 생각한다. 왜? 자기를 편안하게 해준다고 믿기 때문이다. 진짜 남자에게 잘해주는 방법은 잠시 멀어질 때 잔소리 안 하는 것이 남자에게 제일 잘해주는 것이다. 또한 이러한 패턴은 연애를 시작해서 결혼하기 전까지 무한 반복된다는 것을 깨달아야 한다.

필자의 책을 읽다 보면 이러한 내용이 반복되고 중복되는 것을 느낄 것이다. 왜? 연애를 시작하고 관계를 유지하는 데 있어서 계속해서 이러한 형태가 반복되기 때문이다. 남자 입장에서 여자가 아무 소리 안 하면 항상 일정한 반복되는 패턴을 보이며 여자에게 잘하는데, 뭔가 잔소리를 하거나 불만을 얘기하게 되면 남자는 형식적으로 변하고 여자에게 성의 없이 대한다. 이 부분에서 마음이 식고 권태기가 온 것처럼 느껴지는데, 이 마음이 식고 형식적인 만남을 권태라 칭한다. 그렇다면 남자에게 마음이 식거나 권태기가 왔을 때, 어떤 식으로 대처하는 것이 좋을까? 대다수 여자는 더 많은 대화를 유도하고 싶어 한다. 실제 상담사들도 대화를 많이 해서 서로 쌓인 것을 풀어야 한다고 조언하는 상담사도 있다. 물론 대화로 풀면 좋을 것 같지만, 얘기하다가 그동안 쌓인 감정이 폭발해서 더 안좋게 역효과 날 수도 있다는 것을 알아야 한다. 기본적인 자세는 항상 웃고, 속마음을 잘 감추어야 한다. 그냥 회사 생활한다 생각하고 남자친구가 직장 상사라고 생각하자. 솔직한 것을 다 표현하면 안 좋게 되는 경우도 있으니, 사회 생활한다고 생각하면서 자신의 표정 관리를 잘해야 한다. 그리고 오는 연락만 받고 답장해주는 것이 제일 낫다.

또한 대화 내용이 두 사람의 본질적인 문제를 얘기하면 (남자의 마음이 처음하고 다르고 뜬 것 같은 느낌) 안 된다. 문제의 본질만 얘기하고 잘못됨만 말하면 서로 싸우게 되고, 더 사이만 나빠질 뿐이다.

정신과 의사 어빈 얄롬Irvin D. Yalom은 "사람 간의 갈등을 해소하는 최고의 방법은 문제의 본질을 외부로 돌리는 것"이라고 말했다. 무슨 말일까? 예를 들어 과거 일본을 전국 통일한 사람이 도요토미 히데요시다. 통일하고 나니 영주들은 불만이 많았고, 어떻게 하든지 히데요시에게 쿠데타를 해야 한다는 생각을 하고 있었다. 이러한 불만 세력을 하나로 뭉친 것이 전쟁이다. 바로 조선을 치자고 해서 임진왜란을 일으킨 것이다. 하나의 생각을 단결하게 만든 것이다.

사람은 어떤 목적이나 현상 또는 다른 것을 이야기할 때 잘 통한다고 느끼고 동질감을 느끼게 된다. 연애 역시 마찬가지다. "역시 우리 커플은 잘 맞아!" 이런 생각이 들게 말이다. 쉽게 말해 여자들은 어떨 때 빠르게 친해지는가? 같은 의견으로 남을 험담할 때다. 그런 것처럼 두 사람의 문제점을 말하고 서운했던 것을 얘기하는 것이 아니라 오히려 외부로 시선을 돌리면서 서로의 친밀감을 다시 끌어 올리는 방법을 찾아야 한다.

"길 가면서 저 여자 봐봐. 다 비치지? 이상하지?"

"저 남자 헤어스타일 확 깨지?"

"저 여자 저 남자 오늘 소개팅하는 것 같아. 한번 봐봐!"

아니면 사회 비판하든지 이미 공론화된 것들을 얘기하면서 비판해도 괜찮다. 이런 얘기를 하면서 자기와 나는 역시 뭔가 잘 통하고, 생각이 잘 맞는 것 같다고 하면서 친밀도를 끌어 올리는 것이다. 사실 대화 방식에 있어서 서로 관계에 대한 얘기보다 외부에 관한 주제로 얘기할 때, 남자는 여자에게 부담을 느끼지 않으면서 더 많은 얘기를 자연스럽게 할 수 있다.

이렇게 두 사람의 성향에 맞게 효과적으로 잘 이용하

고, 애정적인 부분은 서로 잠자리할 때 확인만 하면 되는 것이다. 이것이 남녀 관계에 제일 효과적인 연애 방법이다. 물론 서로 취미가 잘 맞거나 서로 목적의식이 같으면 운동이나 취미생활을 통해 친밀도를 올리는 방법이 있지만, 가장 좋은 방법은 남자에게 서운한 것을 얘기하지 않고 외부를 주제로 대화 방식 패턴을 만들어 나가는 것이다. 그러면 자연스럽게 친밀감이 쌓이게 된다. 여기서부터 믿음과 자신감이 생긴다. '아! 남자는 이런 식으로 대화하고 만나면, 얘기도 많이 하고 재미있어 하는구나.' 나에게 잘해준다는 것을 느끼게 된다. 이러한 부분을 직접 경험하고 느껴보아야 연애에 자신감도 생기고 불안한 생각도 들지 않는다. 살면서 이런 극복을 2~3번 하게 되면 경험이 되는 것이다. 모든 경험은 결국 자신의 자신감이 되는 것이다.

불안한 마음
다스리기

．
．
．

짝사랑 중이거나 썸을 타고 있거나 좋아하는 남자가 있다면 불안한 마음이 생길 수밖에 없다. 사귀고 있는 사이라고 해도 마찬가지다. 이런 불안함은 남자친구의 애정 표현이 줄어들고, 연락과 만남이 줄어들 때 많이 나타난다. 짝사랑 같은 경우 내 마음대로 잘 안 될 때 불안해지기 마련이다. 그리고 한번 불안함에 사로잡히게 되면 늪처럼 계속 빠져들게 되어 부정적인 생각을 많이 하고 상상의 나래를 펼치게 된다. 만남이 줄어들고 연락이 드문드문하던 남자친구가 만나자고 하거나 연락이 오면 불안한 마음은 일시적으로 좀 가라앉지만, 또 시간이 지나면 불안함은 계속 반복된다. 원래 사랑이라는 것이 그렇다. 뭔가 의식하고 많이 생각할수록 부정적으로 변하는 것이 불안함의 특성이다.

그런데 대부분 여자들은 이러한 생각은 나만 하는 것 같다고 한다. 자기만 유독 못나고, 자존감이 낮고, 또 연애를 많이 실패해서 계속 반복되는 것 같다고 상담받으러 오는 여자들이 한결같이 같은 말을 한다. 또 어디서부터 손을 쓰고 어떻게 이 불안감을 해소해야 하는지 막연하게 느껴진다고 한다.

필자는 불안감을 다스리는 것은 다이어트와 비슷하다고 말을 한다. 다이어트가 하루아침에 되는 것이 아니듯이 불안감 다스리는 것도 하루아침에 되는 것이 아니다. 또한 어떤 사람이든지 불안감은 다 생기고, 어느 정도 안고 가는 삶의 그림자라고 생각하고 받아들여야 한다.

사람에게는 자기 관리가 참 중요하다. 자산 관리, 건강 관리, 인간 관계 관리, 더 나아가 자동차 관리, 집 관리.

생각해보면 주변에 관리할 것이 너무나도 많다. 그런데 이러한 것들이 관리가 되지 않고 누적되면 어느 순간 문제가 생겨서 반드시 부정적인 것들이 나오기 마련이나.

영국의 위대한 극작가인 윌리엄 셰익스피어William

연애가 힘든
당신에게

Shakespeare 역시 "지금의 고통은 지난날에 자신이 게을러서 생긴 결과물이다"라고 말했다. 연애도 마찬가지다. 기본적으로 남자와 안 싸우고 하루하루 잘 지내면, 특별하게 불안할 요소가 생기지 않는다. 앞서 권태기는 사랑과 함께 공존하는 것이라고 언급했다. 그런데 이러한 권태기가 어떻게 발동하겠는가? 남자는 계속 싸우고 잔소리하게 되면 표정이 틀어지고, 말수가 줄어들면서 기분 상하게 되고 형식적인 모습만 보여준다. 이런 모습을 보면 여자들이 매우 불안하지 않는가?

이런 불안감을 경험하지 않으려면 하루하루 잘 지내는 것이 가장 최선이다. 안 싸우고 잘 지내고 편안한 모습만 보여주게 된다면, 좋은 결과로 나타나는 것이 연애의 결실이 아니겠는가? 사람은 반드시 행한 만큼 결과를 얻는 것이기에 지금부터 매일 결심하고 잘하면 되는 것이다.

필자는 앞서 말했듯 남자에게 잘해주는 행동이란 잔소리나 싫은 소리 안 하는 것이라고 했다. 이러한 행동은 남자가 여자에게 애정 표현해주는 것이랑 똑같은 것이다. 왜? 남자는 여자에게 인정받고 존중받고 싶어 하기 때문이다.

여자들은 불안함을 해소하기 위해 남자에게 사랑을 확

인받으려고 하는데 그 불안함이 매우 감정적이라, 남자는 여자들이 무슨 말을 하는지 잘 알아듣지 못한다. 남자 입장에서 엄청 짜증 나고 스트레스 받을 수밖에 없다. 그래서 연애할 때 유독 남자만 바라보는 여자들은 남자의 컨디션에 따라 기분이 좌지우지되며 많은 영향을 받게 된다. 남자친구와 사이가 좋으면 기분 좋고, 안 좋으면 불안하다. 그래서 자기 생각을 좀 분산시키면서 자기 마음을 다스리는 방법도 필요하다. 원래 남녀 관계에 문제들이 서로 대화로 다 풀어지는 것이 아니라 그냥 내버려 두면 저절로 풀어지는 것이 많이 있기 때문에 다른데 집중하면서 자기 문제들이 그냥 풀어지고 넘어가게 된다는 것을 경험해 보아야 한다. 전문가들은 취미생활을 하라고 하는데, 사실 한번 불안함에 사로잡히게 되면 아무리 취미생활을 하고 친구를 만나서 집중하려고 해도 잘 안 된다. 그래서 처음부터 하루하루 잘 지내는 바른 습관을 만들면서 관리하고 남자친구와 잘 지내도록 노력하는 것이 중요하다.

여자들은 기본적으로 생각이 참 많은 존재다. 소설 작가가 되어 습관처럼 소설을 쓴다. 썸남이 한번 만나자고 하면 이미 고백받을 것처럼 생각하고, 남자가 사귀자고 하면 이미 예식장을 알아보는 상상을 한다. 일에 대해서 상

연애가 힘든
당신에게

상하는 것은 실수를 미리 방지하기 위해 나쁘지 않으나, 연애에 대한 상상은 특히 연락이 잘 안 되거나 만남이 줄어들 때 상상하는 것은 좋지 않다. 남자가 좀 바쁘다고 다음에 보자고 하면 '헤어지려고 하는 것은 아닌가?' 또는 자존심이 발동해서 '먼저 헤어지자 해야 하는가?' 하는 부정적인 생각을 하다가 불안함이 극에 달해 결국은 감정조절을 못해서 울며 매달리는 모습을 필자는 많이 보았다. 이런 모습을 보면 남자들은 뭐라고 생각할까? 진짜 여자를 도무지 알 수 없다고들 한다. 또한 이런 여자와 미래를 함께 할 수 있을까? 그때부터 생각이 많이 지기 시작한다.

모든 것은 계속 반복되는 훈련을 통해 자신감을 확인하는 것이다. 무슨 말인가? 남자친구와 주말에 만나서 즐거운 시간을 보낸 뒤, 이틀이 지나서 연락이 잘 안되면 그 순간 '주말에 내가 뭐 잘못해서 그런가?' 생각하는 것보다 '뭔가 다른데 신경 쓰고 바쁜가 보다.' 하면서 그러려니 하는 마음을 가져야 하는데, 남자친구가 '그동안 바빠서 정신이 없었다'고 말을 하면 이를 참지 못하고 수상하다며 '주말에 데이트 잘했는데 왜 연락이 없냐'고 따져 물어서 남자친구랑 사이가 안 좋아지는 경우가 많다.

그런데 생각을 바꾸는 훈련은 단순히 하루이틀 결과가

나타나는 것이 아니다. 다이어트처럼 좀 시간이 지나면서 자신이 성장해 나가는 것을 발견하게 된다. 모든 것은 하루하루 잘 지내면서 좋은 경험을 쌓고, 그 경험이 축적되어 자신감이 생기고, 결국 그러한 자신감이 자신의 불안감을 다스리는 내공이 될 것이다.

진지한 얘기는
제발 좀
하지 말자

.
.
.

    사람에게는 기본적인 본능이 있다. 먼저 남자들은 여자를 만나면 만날수록 책임져야 한다는 책임감이 생긴다. 물론 단순히 밥 먹고 만난다고 해서 책임감이 생기는 것은 아니다. 상대랑 사귀는 사이가 되고 깊어지며 스킨십, 즉 섹스까지 하게 되면 남자에게는 책임감이 생기게 된다. 남녀 관계가 아무리 쿨하게 만난다고 할지라도 남자 입장에서 여자와 깊은 관계를 맺게 되면 기본적으로 책임감과 부담감은 자연스럽게 생기는 것이다. 이러한 생각을 여자 앞에서 말하지 않을 뿐 속으로는 생각한다. 반대로 여자들은 남자를 만나면 만날수록 확인받고 싶어한다. 이것 또한 단순히 밥을 먹고 가볍게 만난다고 해서 확인받을 수 있는 것은 아니다. 남자와 똑같이 자고 나면 여자는 남자가 더 좋아지고, 더 사랑도 느끼고 싶고, 확인받고자 하는 마음이 저절로 자연스럽게 생기게 된다. 만약 자신이 원하는 대로 확인이 잘 안될 경우, 앞 장에서 언급한 것처럼 불안해지는 것이다. 그래서 연애가 처음은 썸탈 때 설레고 두근거리고 상상도 자유자재로 하면서 재미가 있지만, 사귀고 나면 그 마음이 좀처럼 사라지게 된다. 그 이유는 책임감과 부담감 때문이다.

여기서 질문! "남자들이 왜 성매매를 할까?" 그리고 "남자들이 좋아하는 여자는 누구일까?" 질문에 대한 대답은 간단하다. 책임 안 지고 섹스할 수 있는 여자다. 그래서 남자들이 성매매하거나 섹파(섹스 파트너)를 만드는 것이다. 여자 입장에서 기분 나쁜 내용일 수 있지만, 이해를 조금 돕고자 하는 것이다. 사귀자는 말 안 하고 그냥 친구처럼 지내면서 섹스하는 남자들 100%가 책임지기 싫어서 하는 행동이다.

그렇다면 남자들은 언제 책임감과 부담을 많이 느낄까? 사귄 지 얼마 되지 않았는데 진지한 얘기를 하거나 미래에 관한 얘기를 할 때다.

연애가 힘든
당신에게

우리 정말 사귀는 사이 맞지?

나는 이제 시간 낭비하기 싫어!

우리 관계를 더 확실하게 하기 위해 대화를 많이 했으면 좋겠어.

우리 사랑을 더 키우기 위해 서운한 것이 있다면 그때그때 대화로 풀었으면 좋겠어!

결혼하게 되면 아이는 몇 명 낳고 싶어?

여자들이 좋아하는 말들이다. 왜? 관계를 설정하고 확인하려고 하기 때문이다. 그런데 남자들은 이런 말을 들으면 부담스러워지기 때문에 말수가 줄어들고 여자에게 형식적으로 변한다. 특히 만난 지 얼마 되지 않았을 때 이런 말들은 남자 입장에서 자기를 빨리 책임지고 결혼하자는 말로 들리게 된다. 물론 여자 입장에서는 관계를 더 확실하게 하기 위함이라고 하지만, 남자 입장에서는 마음이 더 커지기도 전에 부담감부터 느끼게 된다.

이러한 말을 아예 하지 말라는 것은 아니다. 최소한 사귀고 1년 내에는 이러한 말들을 하면 안 된다는 것이다. 왜냐하면 연애라는 것은 반드시 두 가지 전제가 깔려 있어야 잘 되는 것이기 때문이다. 첫 번째가 재미고, 두 번째가 시간이 지나면서 자연스럽게 발전해야(진도) 하는 것이다.

여자들에게 재미있는 남자? 매우 진지한 남자? 둘 중

선택하라고 하면 어떤 남자를 선택할까? 아마 대부분 재미있는 남자를 선택할 것이다. 왜? 진지한 얘기는 재미도 없고 부담스럽기 때문이다. 마찬가지다. 남자도 여자를 만나면 재미있고 즐겁다는 느낌이 계속 들어야 한다. 즉 최소 1년 정도는 재미에 비율을 높여야만 계속 만나고 싶어 한다. 그런데 만난 지 얼마 되지 않아 "시간 낭비하기 싫다." "결혼은 언제 하고 싶냐?" "나 사랑하는 것 맞냐?" "우리 관계에 대해 확실히 하고 싶다"고 말하면 남자는 그때부터 기회 봐서 적당히 헤어질 타이밍만 찾게 된다.

남자는 책임 안지는 섹파를 좋아한다고 했다. 이 개념을 사귀는 연인 사이에 적용시켜보자. 사귀더라도 결혼 언급 안 하고, 부담스러운 말을 안 하게 되면 남자는 여자에게 편안함을 느끼고, 계속해서 여자를 만나고 싶어 한다. 오래 만나게 되면 반드시 정이 들기 마련이고 결혼으로 이어지는 것이다. 그래서 연애를 잘하는 방법 중 하나가 연애 초반에 너무 남자에게 진지한 모습을 보이면 안 되는 것이다. 그리고 아무리 좋아한다고 할지라도 그에게 좋아하는 마음을 다 보이게 되면 안 되는 것이다. 조금은 무관심한 척, 자신 없으면 그냥 수줍은 척, 잘 웃으면 되는 것이다.

아마 이 글을 읽고 있는 독자 중에도 과거 이러한 이유로 실패한 경험이 있을 것이다. "얘기 좀 하자!"는 말이 얼핏 들으면 서로의 발전을 위해 좋은 방향으로 얘기하자는 긍정적인 행동이라고 생각할 수 있으나, 남자들은 "얘기 좀 하자!"는 이 말이 자기 잘못이나 실수를 지적하고 잔소리하는 것이라고 믿고 있다. 그래서 남자는 여자가 "얘기 좀 하자!"고 말하면 긴장부터 하고 피하거나 다음에 얘기하자는 말로 그 순간을 모면하는 것이다.

남자는 여자가 자기에게 잔소리 안 하고, 만날 때마다 재미있고 즐겁기만 하면 이런 여자 두 번 다시 만나지 못하겠다는 생각에 결혼하고자 한다. 굳이 여자가 빨리 결혼하고 싶어서 재촉하지 않더라도 남자가 먼저 결혼하자고 할 테니 제발 진지한 얘기는 1년 이후 하도록 하고, 진지한 얘기 하더라도 1분 이상은 하지 말아야 한다.

연애의
또 다른 이름은
고통과 인내

.
.
.

대부분 사람은 사랑과 연애를 똑같은 것으로 생각한다. 물론 느낌은 비슷하지만, 엄격히 구분한다면 사랑은 자기 마음(자기 생각)이다. 하지만 연애라는 것은 그 마음을 표현하는 방법 또는 기술이다. 사랑에 대한 개념은 사람마다 다양하다. 어떤 이는 사랑을 낭만이라고 생각하고, 희생이라고 생각하고, 소유라고 생각하고, 또 어떤 이는 쾌락이라고 생각하는 이도 있다. 대부분 여자는 남자를 사랑하게 되면 낭만과 소유, 그리고 상대를 위해 희생을 많이 생각한다.

남녀가 만나서 연애가 잘 되려면 친밀, 열정, 약속, 3가지 요소가 있어야 한다. 처음 남녀가 만나서 서로 친밀해지면 낮에도 밤에도 보고 싶고 계속 같이 있고 싶다. 그러나 대부분 현실을 경험하게 되면서 많이 헤어진다. 그래서 오래 만났다면 서로를 위해 약속을 해야 하는 것이다. "1~2년 후에 결혼하자." 서로에 대해 미래를 약속하는 것이다.

필자가 상담할 때 두 사람의 전후 사정을 들어보면서 친밀, 열정, 약속이 있었는지 없었는지를 매우 중요하게 판단한다. 대부분 연애에서 친밀, 열정, 약속 과정을 거치면서 좋은 결과가 나타나기 때문이다. 그래서 1년 이상 만나고 미래를 약속해야 좋은 결과가 나타나는 것이다. 처음 만나자마자 너무 잘 맞아서 결혼까지 약속했다고 당당하게 말하는데, 그것은 어디까지나 처음이고 누구나 할 수 있는 말이다. 남자가 처음 결혼을 말하고 강조하는 것에 맹신하는 것은 안 좋은 것이다.

연애할 때 여자의 연애를 방해하는 적이 존재한다. 그 적은 자신이 제일 사랑받았던 20대 시절이다. 여자는 나이를 먹어도 20대 생각 잘 버리지 못하고 항상 그 생각이 기준이 되어 연애에 많은 방해를 받고 있다.

사람은 자기 자신이 생각하는 것과 남이 바라보는 나

자신은 다른 것이다. 대부분 자신은 어릴 때 사랑받은 것만 생각하고, 아직도 자신은 그때 그대로라고 믿고 있다. 하지만 남들은 나를 볼 때 나이 들어 보인다고 생각한다. 20대 초반에 어떻게 연애를 하였는가? 대부분 20대에는 자기 마음대로 연애를 한다. 화도 내고 조금만 서운하면 삐지고, 헤어지자고 성질부리고, 약속 조금만 늦어도 이해 못하고, 자기에게 다 맞추어 달라는 소위 갑질하는 연애를 대부분 해보았을 것이다.

여자 나이 30~40대 들어서 아직도 20대 연애 생각 버리지 못하고, 남자를 지배하고, 갑질하고, 영향력을 행사하는 것이 사랑이라고 믿고 있는 여자들이 아직도 많이 있다. 이런 생각을 버리지 못하고 남자를 만나면 어떤 방식으로 연애하는가?

툭하면 잔소리하고, 하고 싶은 말 다 하면서 남자를 고치려고 하고, 자기 마음대로 안 되면 헤어지자고 하고, 이렇게 연애를 하는 여자들 대부분 다 헤어진다.

필자가 운영하는 카페에는 대부분 이런 방식으로 연애해서 남자에게 차이고 괴로워하는 회원들이 카페를 찾아온다. 실연당한 여자들의 사연을 들어보면 한 가지 공통점이 있는데, 바로 욱하는 성질이다.

20대 연애 방식은 자기가 어리니까 통할 수는 있겠지만

30살만 넘으면 안 통한다. 남자들이 어리고 예쁘면 받아주지만 30살만 넘어가면 그냥 속으로 재수 없다고 생각하면서 오래 만나지 않으려고 한다. 그래서 나이가 들면 연애의 방식을 좀 바꾸어야 한다. 20대는 자기 마음대로 하고 싶은 대로 해도 상관없지만, 30살이 넘으면 좀 어른스럽고 성숙한 모습을 보여주어야 한다. 대부분 그 시기에 연애해서 결혼하기 때문이다. 결혼할 시기 남자들은 본인을 편안하게 해주는 여자를 찾는다. 이것이 대한민국의 현실이다. 실제 여자들은 나이 35살만 되면 만날 남자가 없다고 하소연한다. 남자들이 어릴 때는 섹시하고 야한 여자 좋아하지만, 30살만 넘어가면 생활력있는 현모양처를 찾는다. 30살부터는 현실 연애하기 때문에 참고 인내해야 좋은 결과를 얻을 수 있다. 이 시기부터 좋은 것보다 힘든 것들이 더 많다. 그래서 필자는 연애의 또 다른 이름을 '고통과 인내'라고 말한다.

주변에 자기관리 잘하는 40대 남자 중 자기 나이보다 10살, 15살 어린 여자 만나서 연애하는 사람을 자주 보았을 것이다. 남자 여자 생물학적 차이와 남자의 사회적 지위, 경제력 차이 때문에 남자는 어린 여자 만날 수 있다. 그러나 여자는 어린 남자 만나기가 쉬운 것은 아니다. 여자들이 듣기 싫어하는 말이다. 자신이 나이 들면 들수록 결혼 시장에서 경쟁력을 잃는 것이 현실이다. 외모도 밀리고, 체력도 밀린다면, 자신은 노련미로 승부해야 한다. 꼭 외모가 아니더라도 남자를 편안하게 해주는 방법을 알면 얼마든지 남자의 마음을 사로잡을 수가 있다. 그래서 자신이 정말 마음에 드는 남자와 결혼하고 싶다면 남자에게 맞추어 주면서 나가는 것이 제일 현실적이면서 최선이다.

'사랑하면 나와 끝까지 함께하지 않을까?'라는 생각을 하는 여자도 있겠지만, 남자는 무턱대고 한번 반한 여자와 미래를 결심하지 않는다. 반하고 사랑하고 시간이 지나 편안함을 요구한다. 요즘 남자들은 이 여자와 계속 잘 살 수 있을지 끊임없이 시험하고 계산한다.

그래서 연애하다 보면 답답하고, 괴로울 때가 많이 있다. 단순히 연애하면 설레고 좋은 것만 생각할 수 있으나 직접 만나서 사귀어보면 서로 상황이 다르기 때문에 기다리고 참아야 할 때가 많이 있다.

필자가 연애의 이름을 '고통'이라고 칭한 것이 이런 이유다. 서로 상황과 타이밍이 잘맞는 연애는 없다. 한쪽은 분명 더 많이 좋아하게 되고, 한쪽은 더 많이 기다리게 되고 이렇게 되는 것이 연애의 현실이다. 단순히 시소처럼

연애가 힘든
당신에게

똑같은 무게로 공존할 수 없고, 만나다 보면 끊임없이 한 사람은 이해하고 양보하고 희생하는 마음이 있어야 관계를 지속할 수 있다. 여자의 마인드는 '사랑하기 때문에' 이해하고 받아들인다지만, 남자는 자기 일에 집중해야 한다며 이기적인 면을 보인다. 그래서 연애할 때만큼은 여자들이 좀 더 손해를 보는 것 같다. 정말 이상한 남자가 아니고, 좋은 남자라면 기다려주어야 한다. 그리고 너무 마음 쓰면서 남자에게 집중하는 모습 보일 필요가 없다. 그냥 척만 하면 되는 것이다. 현명한 아내는 남편에게 100% 순종하는 척하면서 그의 마음을 사로잡는다는 데일 카네기Dale Carnegie의 말을 필자는 진리라고 생각한다. 애정보다는 남녀 관계의 차이와 시간이 지남에 따라 전개되는 심리 그리고 남녀 관계서 현실적인 부분을 많이 이해할수록 자신이 어떻게 해야 할지 현실이 보일 것이다.

5장

헤어지자는 남자의
연애 심리!

남자에게
헤어지자는 말
먼저 하지 말자!

·
·
·

필자가 운영하는 카페 회원 중에 교사 한 분은 늦은 나이에 결혼을 했는데, 그분은 정말 결혼이 너무 하고 싶어서 많이 고민하고 힘들어했던 분이다. 직장인 학교에서 잘 어울리는 교사 4명이 있었는데 그중 한 명이 31살에 6살 많은 사업가랑 결혼했다. 그 무리에서 혼자 결혼을 했으니 부러움의 대상이었다고 한다. 하루는 선생님들이 카페에 모여 어떻게 하면 연애를 잘하고, 시집을 잘 갈 수 있는지 질문하면서 노하우를 알려달라고 했다고 한다. 그때 결혼한 31살 선생님이 자기가 결혼한 비결은 남자와 사귄 지 3개월이 지나서 좀 서운하게 했을 때 꼬투리 잡아 헤어지자는 말을 했다고 한다. 이 방식은 자기 연애 방법이며 남자를 긴장시키는 방법이라고 설명했다고 한다. 그 선생님의 논리로 남자가 진심이면 잡고, 매달린다고 한다. 남자가 매달릴 때 "너의 애매한 태도도 싫고, 시간 낭비하면서 연애하는 것 싫다"고 말했을 때, 남자가 "알았다. 내년 봄에 결혼하자! 이번 달 안에 프로포즈 할 테니까!" 하면서 고백받았다고 한다. 경험담을 들은 교사 4명은 명쾌한 해답을 얻은 것처럼 본인들도 다음에 같은 방법으로 해보겠다고 했다. 그중 남자친구가 있는 두 교사는 같은 방법을 따라 했고 1주일 간격으로 동시에 헤어졌다고 한다. 31살 교사는 "남자친구가 진심이 아닌가 봐요! 정말 사랑하면 잡아줄텐데…" 이렇게 말하고는 자리를 피했다고 한다. 사랑하지 않았다고 하니 그 말 듣는 순간 차인 교사들은 눈물이 나왔다고 한다. 사랑하지 않았다는 말은 마치 여자를 두 번 울리는 말과 같다.

필자가 상담한 경험으로 봤을 때 여자가 헤어지자고 말하면 처음 1~2번은 남자가 사과하면서 여자를 잡는다. 그러나 계속하면 어떤 결과가 나올까? 헤어지는 말을 많이 들은 남자에게 내성이 생겨 더 이상 헤어지자 말에 반응하지 않고 오히려 알았다고 답힌다.

필자는 헤어지는 과정의 여자들을 매일 같이 보는 사람이다. 여자들이 헤어지는 이유는 다양하지만 그중 하나가 먼저 헤어지자는 말을 꺼내서 헤어지는 경우다. 그렇다면 31살 교사는 "헤어지자!" 말을 꺼내서 어떻게 결혼하게 되었을까? 필자 생각으로는 전체적으로 좋은 타이밍이라고 생각한다. 먼저 남자가 37살이고, 경제적으로 안정되어 있고, 결혼할 준비가 되어있는 상태다. 또 연애 초반 3개월밖에 되지 않아 남자는 애정까지 있는 상태다. 당연히 연애 초반이니까 여자가 헤어지자고 말하니 남자 입장에서 매달릴 수밖에 없다. 31살 교사는 남자가 매달리는 것을 이용해서 결혼 언급으로 잘 된 케이스라고 생각한다. 그냥 서로가 타이밍이 잘 맞았던 것이다. 그런데 만약 자신이 6개월 이상 연애하는 중이라면, 그리고 평소 남자의 마음이 처음과 다르다고 느껴질 때 또는 마음이 식었다는 생각이 들 때 헤어지자고 말하면 진짜 헤어지게 될 수 있으니 절대 그런 말은 하지 말아야 한다.

여자가 정말 헤어지고 싶어서 헤어지자는 말한 것일까? 그렇지 않다는 것은 이미 잘 알고 있지 않은가? 하지만 남자는 헤어지자 말을 진짜 헤어지자! 소리로 알아듣는다. 여자를 잡아달라는 말뜻을 이해하지 못한다. 이 말을 이해하는 남자는 연애 경험이 많거나 바람둥이일 가능성이 높다. 남자가 특별하게 잘못한 것이 없는데 여자가 자꾸 헤어지자고 말하면 남자들은 계속 쌓이게 된다. 한두 번은 미안하다고 잡지만 반복되면 남자 입장에서 자기를 무시하는 말처럼 들린다. 본인은 잘 만나 보려고 하는데 여자가 헤어지자고 하니까 남자 입장에서 지금 내 모습에 만족하지 못하구나. 이런 생각이 들기 때문이다.

여자들은 남자의 마음이 식거나 미적거리거나 마음이 초반 같지 않다고 할 때 헤어지자는 말을 잘한다. "헤어지자!" 말하면 남자가 잡아주니까 사랑을 확인받는 느낌도 들고 반전되는 기분이다. 그러나 그것은 어디까지나 연애 초반 한두 번만 통하지, 그 이후부터는 안 통한다는 사실을 반드시 기억하고 있어야 한다.

필자는 여자가 서운함에 헤어지자고 말하고 남자가 알았다고 해서 진짜 헤어졌을 때, 오히려 여자가 불안해서 엄청 매달리는 여자를 많이 보았다. 그러면 무슨 꼴이 되겠는가? 남자 입장에서는 이해가 안 되는 행동이며, 변덕이 심하고, 신경질적이며, 매우 감정적인 여자로 찍히게 된다. 또한 이런 여자와 미래를 함께 할 수 있을까 하는 생각이 많아진다.

그래서 연애하다가 진짜 헤어지고 싶지 않은 이상 헤어

지자는 말은 쉽게 꺼내지 말아야 한다. 왜냐하면 헤어지자는 말을 난발하게 되면 남자도 그 말을 이용한다. "나는 너 만나면서 진지하게 잘 만나려고 했는데, 네가 헤어지자고 말한 순간부터 내 마음이 더 이상 커지지 않는다! 너에 대한 마음이 예전 같지 않다"라는 말로 여자 가슴을 철렁 내려앉게 만들어 버린다. 그리고 "예전에는 안 그랬는데 네가 헤어지자! 말한 뒤부터 자꾸 이런 생각이 든다. 우리가 이렇게 만나는 것이 맞을까? 우리가 이렇게 안 맞는데 계속 이렇게 만나면 시간 낭비가 되지 않을까?" 남자들은 교묘하게 모든 잘못을 여자에게 돌리면서 연애를 갑질하거나 헤어질 준비를 하는 경우도 있다. 연애가 이 상태로 전개가 되면 여자는 사실상 불안하고 힘들기 마련이다. 그렇다고 남자에게 답답한 마음을 얘기하면 남자는 "그냥 편안하게 잘 만나고 싶은데, 네가 또 이렇게 하니까 믿음이 생기지 않는다. 그리고 너하고 연애하니까 계속 싸우고 반복되는 것 같다"고 여자에게 모든 잘못을 돌려 버린다. 그래서 연애하다가 자기 마음대로 잘 안되면 오는 연락만 받으면서 남자와 거리감을 두는 것이 가장 좋은 방법이다. 그리고 자신의 연애가 왜 이렇게 되었는지 한 번쯤 자기 성찰하면서, 남자가 무엇을 좋아하고 무엇을 싫어하는지 깊이 생각해 보아야 한다.

연애가 처음은 쉽지만 관계를 유지하고 이어 나가는 것에는 정말 큰 노력이 필요한 것이다. 거리감을 두라고 해서 헤어지라는 말이 아니다. 남자와 언쟁하고 나면 기본적으로 감정이 상하고 마음이 지치게 된다. 지쳤다면 좀 거리를 두고, 연락도 줄이면 남자 마음이 저절로 나아진다. 이런 상황에 좀 지켜보면서 남자 마음이 어떻게 풀어지고 나아지는지 경험해 보아야 한다. 그래야 남자를 많이 알게 되는 것이다.

남자가
이별을 말할 때

.
.
.

　필자가 근무하는 심리연구소에 찾아오는 여자들 대부분이 연애가 어렵고 힘들거나, 남자에게 실연당해서 찾아온다. 지금 이 책을 읽고 있는 독자들도 연애가 어렵고, 고민되기 때문에 읽을 것이다. 연애가 잘 되고 재미있으면, 남자친구와 무엇을 할지 많은 계획을 세우며 행복한 고민을 한다. 하지만 연애가 잘 안 되거나 예전처럼 나를 사랑해 주지 않는다고 느껴질 때부터 여자는 불안해지면서 생각이 많아진다. 필자에게 상담을 신청하는 연애 고민은 다양하지만, 주로 남자의 마음이 식거나 헤어지고 나서 어떻게 하면 다시 재회하고 잘 만날 수 있을까? 이러한 고민

탓에 상담을 많이 신청한다. 필자의 책 내용은 좀 편협적이고, 여자 입장에서 언짢은 기분도 들 것이다. 왜냐하면 대부분의 내용이 남자를 편안하게 해주라는 내용이기 때문이다.

필자가 이렇게 말하는 이유는 그동안 여자들이 실연당하고, 연애 때문에 힘들어하는 것을 너무 많이 보았기 때문이다. 여자는 헤어지고 나면 그 순간 쿨하게 다 잊어버리고 깔끔하게 남자 정리가 되지 않는다. 길게는 2~3년 동안은 잊지 못해 실연의 상처에 힘들어하는 여자가 많이 있다. 특히 30살 이후 결혼 준비하다가 헤어지게 되면 최소 1~2년 힘든 삶을 살게 되는 것이 대부분 여자다.

이번 장부터 이별과 재회에 관한 내용들을 주로 다루어 볼 예정이다. 이별하였다고 해서 깔끔하게 끝나는 경우가 있고, 아니면 다시 만나서 잘 되는 커플들도 있다. 어떻게 하면 재회를 할 수 있는지 관계 회복에 관한 내용을 다루어 볼 예정이다.

보통 헤어지면 집착과 결혼 압박이 제일 많다. 20대는 주로 집착이고, 30대는 결혼 압박이다. 물론 나이를 떠나서 집착과 결혼 압박을 동시에 남자에게 가해서 헤어지는 이유도 있다. 여기서 더 세분화시키면 남자가 여자에게 싫증을 느끼고, 또 자주 보니까 질렸거나 아니면 결혼 조건 상황 때문이다. 실연당한 여자들이 이런 이야기를 자주 한다. 분명 1주일 전까지 데이트 잘하고 아무렇지 않았다고 한다. 또 어떤 이는 3일 전까지 잘 만나서 주말에 맛있는 것 먹으러 가자고 했던 남자친구인데 갑자기 헤어지자 울면서 말했다고 한다. 이런 경험을 하면서 헤어지게 되었다면 도저히 납득이 가지 않고, 받아들이기 어렵다. 그렇다면 남자들은 무슨 생각을 하고 있었겠는가? 많이 지쳐서 이미 만나는 동안 예전부터 조금씩 이별을 생각하고 있었던 것이 대부분이다. 남자들이 헤어지자 말을 하게 되면 여자들은 그 이유를 묻는다. 울면서 애원하듯이 말을 한다. 남자에게 잘할테니 서로 노력해보자 말은 하지만, 이미 남자들은 예전부터 조금씩 생각하였기 때문에 마음이 굳어져 그 순간 여자가 잡는다고 해서 남자의 생각은 달라지지 않는다. 그리고 이별에 대한 이유를 명확하게 말해주지 않는다. 그냥 이런 말들을 한다.

내 마음이 예전 같지 않다.

내가 많이 부족해서, 너에게 잘해줄 자신이 없다.

너는 좋은 여자인데, 나보다 더 좋은 사람을 만났으면 좋겠어.

지금은 연애할 상황이 못 된다.

혼자 있고 싶다.

이런 다양한 말을 하며 여자가 납득하기 어려운 말들을 많이 한다. 또 그 순간 여자가 매달리니까. 그 상황을 모면하고자 최대한 상처 안 주고 조심스러운 말을 하는 것이 대부분이다. 남자는 헤어질 때 미안한 척, 부족한 척하면서 여자에게 이별에 대해 정확하게 말하지 않는다. 그럼 남자가 정말 이별하는 이유는 무엇인가?

구체적으로 말하면 3가지로 요약할 수 있다.

1) 싫증 나서 그런 것이다

싫증은 주로 미운 행동 짜증이 반복되고 쌓인 것을 싫증이라고 표현한다. 요즘 연애가 자주 연락하고, 자주 만나고, 일상을 공유하는 연애다. 분명 남자와 여자는 다르다. 남자는 연애 초반만 자주 만나지만, 3개월 이후부터 1주일에 한 번, 2주일에 한 번, 자기 원하는 방식으로 편하게 연애하고자 한다. 만약 여자가 자주 보기 원하고 연락을 재촉하여 자기 방식의 연애가 안 되면, 욕구가 충족되지 않아 화를 내거나 언쟁을 한다. 또한 이런 형태가 반복되면 남자들은 자기 삶이 없고 지친 것 같다면서 이별을 선언하는 경우가 많이 있다. 원래 남자와 여자는 친할수록 선이 있고 거리감이 있어야 한다. 그 선이 무너지게 되면 남자는 스트레스를 너무 많이 받아 이 여자는 나를 존중해 주지 않는다고 생각을 해 버린다.

2) 질린 경우이다

어떻게 보면 싫증 나고 질린 경우가 경계선이 모호하다. 비슷한 말 같지만 정확히 구분하면 동거하고 있거나, 남자 집에 자주 가서 자고 오거나, 자주 만나서 잠자리를 하게 되면, 남자들은 서서히 여자에게 질리게 되어 있다. 맛있는 음식도 자주 먹으면 질리듯이 비슷한 원리다. 예를 들어 3일 전에 2~3일 여행을 갔다 왔다. 그러면 남자 입장에서 자기 시간 돈 투자해서 여자에게 잘해주었으니 여행 갔다 오면 좀 쉬고 싶거나 자기 생활에 집중하고 싶어 한다. 그런데 여자가 또 만나자고 같이 있자고 하면 남자는 지친다고 생각이 든다. 이때 여자가 자기 요구를 들어주지 않아 화를 내고 징징대거나 짜증을 내게 되면 남자들은 여자에게 질린다는 것을 느끼게 된다. 이런 형태들이 많이 헤어진다. 질리는 경우는 자주 같이 있고, 매일 연락이나 일상을 공유하고 자기가 어디 가면 알려 달라고 하는 것이다.

3) 끊임없는 결혼 압박이다

필자가 지금껏 상담하면서 현장에서 제일 많이 피부로 느끼는 것은 결혼 얘기를 꺼냈다가 제일 많이 헤어지는 것이다. 실제 필자가 운영하는 〈랭보의 연애시대〉 카페에 올려진 글을 보면 결혼 준비하다가 헤어졌거나, 30살 넘어서 사귄 지 1년 이상이 지났는데 결혼 얘기가 없거나, 말을 꺼내면 피하고 회피할 때, 언제 결혼할 것인지? 결혼 얘기를 자주 해서 남자가 자신이 없다고 하면서 헤어지는 경우다.

필자도 상담 연애할 때 결혼을 전제로 해서 연애하라고 한다. 그러나 겉으로 너무 드러내면 남자는 부담을 느낀다. 앞서 언급했듯이 남자는 책임을 져야 한다는 생각이 지배하기 때문이다. 그래서 연애할 때 결혼 얘기보다는 그냥 재미있게 편하게 잘 만나다 보면 남자는 그냥 자연스럽게 이 여자와 결혼해야겠다는 생각이 든다. 문제는 결혼을 언제 할 것인지? 우리 집에 언제 인사 갈 것인지? 한 달에 꼭 한 번씩 얘기하는 것이다.

남자가 결혼 준비가 안 된 상태에서 결혼 얘기를 하는 것은 이별만 재촉하는 것이다. 설령 서로가 열린 마음으로 결혼 얘기를 할 때 남사에서 좋은 조건을 요구하면 안 된다. 여자는 이상하게 결혼 얘기를 꺼내면 감정적으로 변하는 경우가 많이 있다.

대부분의 연애가 싫증이나 질림이나 결혼 압박 때문에 헤어지는 것이 대부분이다. 그러나 남자는 구체적으로 이별에 대한 정확한 이유를 말하지 않는다. 그래서 자신이 정말 실연당해서 지금 재회를 준비하고 있다면 먼저 자신을 되돌아보아야 한다. 단순히 지난날의 후회만 하는 것이 아니라 객관화시키면서 냉철해야 한다.

그리고 지난 연애를 생각하면서 남자가 무엇을 했을 때 싫어했고 화를 내었는지 잘 파악해야 한다. 예전에 주고받았던 카톡을 지금 다시 보게 되면 새로운 것들이 보일 것이다. 이런 과거의 실수를 성찰하고 나면 남자에게 메시지를 어떻게 보내야 할지 또 어떤 방식으로 접근해야 할지 재회의 방법과 답을 찾을 수 있을 것이다.

못 헤어지는 여자,
냉정하게
떠나지 못하는 남자

·
·
·

　보편적으로 남녀 관계는 남자들이 먼저 여자를 좋아해서 시작하게 된다. 호감을 느끼고 썸을 타거나 깊어질 때쯤 여자들은 경계를 많이 한다. 그러다가 정식으로 사귀게 되고 깊어지게 되면 그야말로 상황이 반전되는 것 같다. 통상적으로 보통 3개월 이후부터는 좋아하는 마음의 크기가 서로 바뀌고, 이별할 때는 여자가 남자에게 더 매달리는 것 같다.

　그런데 여자는 자기가 더 많이 좋아한다는 그 자체가 자존심 상하고, 뭔가 나만 더 손해 보는 느낌이 들 때가 있다고 한다. 어떻게 하다가 저 남자를 이렇게 많이 사랑하게 되었을까 이런 생각이다. 그런데 이러한 생각은 자기만 하는 것이 아니라 대부분의 여자가 헤어질 때 비슷하게 느끼는 감정들이다. 필자는 이러한 것을 변하지 않는 남녀 차이라고 정의 내리고 싶다. 처음은 남자가 좋아하지만, 나중 되면 여자가 남자를 더 많이 좋아하는 것. 그래서 이별할 때 여자는 매달리고 헤어진 남자를 잘 잊지 못하고 다시 만나고 싶어하는 것이 여자들 마음이다.

대부분 여자가 실연당하고 나면 겉으로는 잘 헤어진 척, 아무렇지 않은 척도 한다. 왜? 사회생활을 하고 있고, 주변에 자기가 차여서 힘들어하는 모습을 보이기 싫기 때문이다. 직장동료들이나 친구들이 자세하게 아는 것 자체가 더 자존심 상하고 괴롭다. 그래서 자기가 차여 놓고 너무 화가 나니까 반대로 내가 찼다고 말하는 경우도 많이 있다. 아무래도 나라는 존재를 버렸기 때문에 화도 나고 밉지만, 또 마음 한편에는 아직도 사랑하고 있기 때문에 기회만 된다면 다시 만나고 싶고 마음이 이랬다저랬다 한다.

그런데 이런 마음을 정말 절친이 아니라면 여자들은 말하지 않는다. 동병상련이라고 했나? 비슷한 아픔을 경험한 사람끼리 사람들은 잘 통한다. 필자가 운영하는 카페는 여자들만 가입하고 접할 수 있는 카페다. 연애가 힘들어서 찾아오거나 실연당한 여자들이 자신의 연애사를 오픈하고, 힘든 마음을 토로하고 공유하고 위로받는 공간이다. 필자가 운영하는 카페가 그런 분위기가 잘 형성되어 있다. 왜냐하면 여자에게 힐링은 여자이기 때문이다. 여자만큼 여자 마음을 잘 알아주고 공감해 주는 존재는 없는 것 같다.

왜 여자들이 실연당하면 남자에게 집착하고 매달릴까? 요즘 연애가 부모님 세대로 가보면 그야말로 결혼 생활이나 마찬가지이기 때문이다. 주말마다 같이 있고, 때 되면 여행가고, 성 생활을 하기 때문에 이런 연애를 1~2년 이상 하게 되면 솔직히 부부나 별반 차이가 없다. 그래서 헤어지고 나면 단순 이별이 아니라 이혼한 느낌이 들기 때문이다. 필자가 실연당한 여자들을 상담해 보면 엄청난 상실감을 경험하는 것 같다.

일본의 남녀 관계 전문가 이와자키 겐지는 남자는 배출하는 동물이고, 여자들은 받아들이는 동물이라고 했다. 여자는 매 순간 분위기, 느낌, 상황, 모든 것들을 받아들인다고 한다. 특히 남자의 유전자까지 받아들이는 존재다. 이런 구조 때문에 여자들은 남자와 섹스를 하게 되면 그 남자를 더 사랑하고 집착할 수밖에 없다고 한다. 또한 여자 나이 20대 후반부터 결혼이라는 것을 해야 하므로 연애하다가 헤어지게 되면 최소 1~2년은 시간 낭비한 것처럼 느끼게 된다. 그래서 여자들은 이별하게 되면 남자에게 강한 집착이 생기고, 어떻게 하든지 다시 잘 만나서 잘 이어 나가고 싶은 생각이 강하다.

이별할 때 남자는 냉정한 것 같지만 남자도 사람이다. 어떻게 보면 마음 약하고 미안하고 또 한편 지쳐있는 것이 남자의 마음이다. 남자가 지쳐서 이별을 말하더라도 여자가 남자에게 매달리지 않으면 그냥 우호적으로 관계를 유지하고자 하는 것이 남자다.

하지만 여자는 남자가 이별을 선언했을 때 불안한 마음과 감정조절 하지 못하는 모습을 보이면서 어색한 분위기와 어색한 표정이 남자를 그 순간 많이 힘들게 한다. 또 한편 헤어졌는데 서로에게 익숙해져 있고, 습관이 만들어져 모순적인 행동을 보일 때도 많이 있다. 왜냐하면 요즘 육체적 관계뿐만 아니라 데이트도 하고 정서적 교감까지 나누지만 애인은 아닌 FWB Friends with benefits 관계도 있기 때문이다. 여자 입장에서는 헤어지자 해놓고 행동은 이전과 똑같아서 혼란스러움에 여자가 우리 어떤 사이냐 물으면 말이 없거나 자기도 모르겠다고 한다.

이러한 행동들을 딱히 정의 내리기 어렵다. 여자와의 관계가 지치지만 또 한편으로는 만나고 싶고 같이 있고 싶고, 또 안 보고 있으면 보고 싶고, 오랜만에 만나면 섹스하고 싶고, 이것이 이별하고 나서 생기는 남자들의 심리다. 필자는 이런 경우 관계를 설정하지 말고 그냥 이렇게 편안하게 만나라고 한다. 특히 2~3년 만난 여자라면 그냥 이렇게 만나라고 한다. 싫은 소리 안 하고 잔소리 안 하면 그냥 남자 마음도 누그러져 굳이 사귀자는 말 안 해도 그냥 습관이 또 서로의 발목을 잡아 관계를 지속해서 이어나가는 경우도 많이 있기 때문이다. 그러나 여기서 우리 어떤 사이냐고 한 번 더 확인하게 되면 서로의 관계가 어색해져 남자의 마음은 냉정함이 발동되는 것 같다.

사랑이라는 감정은 참으로 알 수 없는 많은 모순을 낳게 만든다. 대부분 남자가 여자에게 우리는 안 맞는 것 같다고 말을 많이 한다. 여자 입장에서는 연애할 때 음식, 영화, 취미생활 모든 것들을 남자 위주로 다 맞추어 주었는데 왜 안 맞는다고 하는지, 남자들이 안 맞는다고 할 때마다 서운한 생각이 든다. 남자가 안 맞는다고 하는 것은 자기 말, 정확히 말하면 여자가 자기 말을 안 들어준다는 의미다. 구체적으로 좀 더 정확하게 말하면 자기 말에 순종 안 한다는 의미이기도 하다. 그래서 이별했다고 해서 극단적으로 끝났다는 생각보다 조금 더 남자가 어떤 부분을 개선할 것을 요구하고, 더 나아가서 자신의 어떤 부분을 보여주어야 남자 생각이 달라지는 것인지 고민해 보아야 한다. 왜냐하면 다시 만나고 싶다면 좀 변해야 하기 때문이다. 사람은 인생을 살다 보면 힘들고 어려운 일이 반드시 생긴다. 이러한 것들을 고통이라 생각하지 말고 변해야 한다는 삶의 신호로 받아들이면 자기에게 많은 긍정적인 발전이 있을 것이다.

남자가
생각할 시간을
갖자고 할 때

·
·
·

연애를 하면서 다툼이 있었다면 "생각할 시간을 갖자" 라는 말을 한 번쯤 들어 보았을 것이다. 까놓고 말해서 여자에게 사형선고나 마찬가지인 말이다. 그런데 왜 여자는 이 말에 한 가닥 희망을 품을까? 낮은 확률이지만 시간을 가진 후 만나는 예도 있기 때문이다.

연애 중일 때 남자가 "생각 좀 하자!" "생각할 시간이 필요해!" 이런 말을 하는 이유는 간단하다. 두 사람의 갈등이나 복잡한 감정을 좀 가라앉히기 위해 침묵을 지키거나 시간을 갖자는 말이다. 만약 여자가 이 순간을 참지 못하고 성급하게 재촉하면, 남자는 나중에 말하자거나 시간이 더 필요하다고 한다. 남자는 스트레스나 고민을 해결하는 방법에 있어서 뭔가 한 곳에 집중하면서 더 깊이 빠져든다. 예를 들어 게임, 등산, 운동, 낚시, 음악 등에 집중하거나 이것도 저것도 아니라면 혼자서 멍 때리면서 누워 말 없이 가만히 있는 것도 남자가 스트레스를 풀고 힐링하는 방법이다. 단순히 말로 수다만 하여도 스트레스가 풀어지는 여자와 매우 다른 구조로 되어 있다. 그래서 여자의 시각으로 보면 남자는 회피하는 것으로 보인다.

남자가 혼자 있고 싶다고 말하거나 말도 없이 잠수타는 경우도 있다. 이런 경우 연애에만 국한된 것이 아니다. 사업이 안 되거나 직장에서 문제가 생겼거나 시험에 떨어지거나, 아니면 진급에 누락 되었거나 건강이 좋지 않거나 가족 중에 중병에 걸렸거나 상을 당했어도 말없이 침묵을 지키거나 잠적하는 경우도 있다.

사귀고 있을 때 남자가 생각할 시간을 갖자는 말은 계속 똑같은 문제가 반복될 때 하는 말이다. 이런 경우 두 사람의 현실적인 문제에서 비롯된 예도 있지만 대부분 연락 문제, 애정 표현 확인, 결혼 준비 또는 압박 등으로 힘들어서 헤어지고 싶을 때 남자는 시간을 갖자고 한다.

그렇다면 왜 남자는 그 자리에서 즉시 헤어지자 말을 하지 못할까? 그 순간 여자가 충격받고 매달리는 것을 방지하기 위해서다. 쉽게 말해서 여자가 울면서 매달리면 더 힘들어지기 때문에 최대한 조심스럽게 상처를 덜 주기 위해 시간을 갖자고 하는 것이다. 여자도 시간을 갖자는 말이 부정적이라는 것은 본능적으로 잘 알고 있다. 시간을 갖는 중이라면 마음이 반반이다. 긍정적인 생각 반, 부정적인 생각 반. 하지만 시간이 다가올수록 초조함이 결국 불안함으로 변해 조금씩 적응하게 되어 있다. 이 과정에서 헤어질 준비도 조금씩 하게 된다.

처음 이런 말을 듣거나 연애 경험이 부족한 여자는 단순히 시간만 가지면 된다는 순진한 생각을 하는 여자도 있다. 하지만 열에 아홉은 헤어지게 되어 있다. 그렇다면 어떻게 하면 시간 갖는 중! 위기를 극복하고 희망을 불씨를 살릴 수 있을까? 성급한 마음! 그 자리에서 확인받고 싶어하는 여자! 뭔가 확실한 답을 얻고자 하는 여자라면 포기하고 정리하기를 권한다. 왜? 그 순간 바로 해결되지 않기 때문이다. 믿을 수 있는 것은 그동안 두 사람이 만났던 정과 추억밖에 없다. 단순히 애원한다고 해결되는 것은 아니다.

보통 남자가 시간을 갖자고 하면 1주 또는 3주 시간이 필요하다고 한다. 하지만 이렇게 말하는 남자도 근거 없이 아무 생각 없이 그냥 하는 말이 대부분이다. 자기도 시간만 정해놓았지, 구체적으로 고민을 하거나 문제점을 해결하려는 노력은 솔직히 1도 하지 않는다. 단순히 자기의 복잡한 마음을 해소하고 싶고, 조용히 혼자 있고 싶어하는 마음밖에 없으니, 시간을 갖는 동안 사느냐! 죽느냐! 이것이 문제로다! 햄릿처럼 고민하지 않는다. (그러나 막상 만나면 그동안 생각 많이 하고, 고민 많이 한 척 말한다.)

앞서 남자는 고민이나 스트레스를 깊이 집중하고 빠져들면서 힐링 되고 재생된다는 것을 언급했다. 그렇다면 시간을 갖고 있는 중의 커플이라면 어떻게 하는 것이 제일 좋을까? 할 수 있다면 2배, 3배 시간을 주는 것이 좋다. 구체적으로 말하면 1주라면 2주, 3주라면 6주, 1달이라면 2달을 주는 것이다. 왜 그렇게 해야 하는가면 남자가 여자를 새롭게 보고, 믿음이 생기고, 고마움을 느끼게 하기 위한 목적이다.

일반적으로 시간을 갖는 중이라면 두 사람 사이가 심각한 상태다. 대부분 90%가 지친 상태라고 볼 수 있다. 물론 어쩔 수 없는 상황으로 헤어질 준비를 하기 위해 시간을 가질 수도 있지만, 대부분 연애 때문에 지친 상태다. 단순히 지친 상태라면 시간을 주면서 자연스럽게 남자가 회복되는 예도 있다. 또한 처음 헤어질 위기라면 저절로 시간 갖고 회복되는 경우도 있지만⋯ 시간을 가져도 헤어질 결심이 강한 남자라면 여자가 2배, 3시간을 주어야 한다. 왜 그런 줄 아는가? 시간을 가지면서 남자 마음이 누그러지고 회복되기 때문이다. 또한 마음이 진정되면서 차분하게 이러한 생각을 하게 된다.

'지금 헤어지게 되면 후회하지 않을까?'
'이 여자만큼 좋은 여자 만날 수 있을까?'
'또다시 누구를 만나서 처음부터 어떻게 시작하지?'

남자친구가 1주일 시간 필요하다 했지만, 여자는 "생각해보니 그동안 나 때문에 많이 힘들고 마음도 많이 상했을텐데, 1주일 가지고 안 될 것 같아서 그냥 연락 안 하고 나도 시간을 가지면서 나 자신을 돌아봤어. 너무 이기적이고 자기 말처럼 내 생각이 짧았던 것 같아. 지나고 나면 항상 자기 말이 다 옳았던 것 같아. 왜 자기 말을 듣지 않았는지 후회만 돼. 그동안 자기를 편안하게 해 주지 못한 미안한 마음과 부끄러운 생각만 들기만 해"라는 방향으로 말을 하는 게 좋다. 1주일 지나서 남자친구가 아무렇지 않게 만나자고 하면 만나고, 뭔가 평소와 다른 말투 쎄한 느낌이 든다면 2~3주 후에 보자고 한다. "자기 나 때문에 그동안 심란했을 텐데 좀 더 쉬고 나중에 보도록 해"라는 멘트로 응용하면 될 것이다.

만약 3주의 시간을 갖자고 하고 연락이 오지 않을 때 5~6주 지나서 앞의 멘트를 자기에 맞게 적용하면 된다. 비슷하게 "그동안 나 때문에 많이 힘들고 심란할 것 같아서 그냥 연락하지 않고 기다렸어." 이런 식으로 말한다. 만약 상대가 긍정적이고 알겠다고 대답하면 "나 앞으로 자기 힘들게 하지 않을 자신 있으니 우리 천천히 예전처럼 편하게 만나자. 자기 힘들게 하지 않을게"라는 말로 천천히 다시 시작하면 된다.

왜? 시간을 더 주어야 하는가? 간단하다. 안전하게 가기 위해서다. 남자 마음을 좀 쉽게 해주고, 또 여자인 자신이 여유 있고 예전하고 다르게 좀 달라졌다는 것을 행동으로 증명하기 위해서다. 사람을 움직이게 하기 위해서는 기본적으로 행동이 전제되어야 한다. 예전과는 다르게 쪼지 않고 시간을 많이 주면서 편안하게 해 주었기 때문에, 남자는 처음엔 헤어질 생각을 하였지만 시간 지나서 풀어지고, 또 여자가 말을 예쁘게 해주고, 신뢰감을 느끼게 해주었기 때문에 믿어보면서 좀 더 만나보고 싶은 마음이 생기기 때문이다. 그 이후부터는 완급조절 하면서 천천히 잘 만나면 된다.

다시 잡아도
될 남자인가?
말아야 할 남자인가?

·
·
·

사랑은 참으로 좋은 것이지만 사랑은 사람을 병들게 하기도 한다. 그 이유는 만나지 말아야 할 남자를 만나서 사랑하고 고생하기 때문이다. 이상하게 사랑만 하면 어디 사이버종교에 빠진 것처럼 맹목적으로 변하는 여자들이 있다. 그 사랑 안에는 선과 악이 없고, 분별력도 없고, 판단력도 없고, 오로지 상대방을 맹신적으로 사랑하면 된다는 이유밖에 없다. 한마디로 사랑하면 바보가 되고 눈이 멀어지는 것이다. 그래서 상대방을 사랑하게 되면 현실감을 잃어버린다. 대표적인 승상이 사랑하면 다 될 것이라는 막연한 착각과 기대감이 생긴다는 것이다. 그래서 지금 당

연애가 힘든
당신에게

장 내 마음대로 잘 안되더라도 나중에 행복할 것이고, 지금 현실이 힘들어도 나중에 잘 될 것이라는 희한한 착각을 한다.

이런 기대감 때문에 여자는 남자에게 맹목적으로 헌신하고 마음고생하며, 심지어는 폭력을 당해도 헤어지지 못하고 계속 만나는 것이다. 어떤 이는 책임지지도 못하는 남자를 만나서 낙태를 반복하며 참고 견디는 여자들도 있다. 필자가 근무하는 심리연구소에 있으면서 남자에게 돈도 빌려주고 보증도 서주는 여자들을 많이 보았다. 오죽했으면 여자가 사랑에 빠져버리니까 도둑질해서 교도소 복역 중인 남자친구를 보고 착하다고 말한다. 필자는 그 순간 할 말을 잃은 적도 있다.

앞에 언급한 남자는 극단적으로 나쁜 남자들이다. 이런 남자들은 헤어지고 나면 조상님께 정말 감사해야 한다. 정말 헤어지기 어려운데 헤어지게 되었다면 지금 순간 조금 힘들더라도 두 번 다시 만나지 말아야겠다고 다짐하면 좋을 것 같다. 인생은 나보다 조금 더 오래 살아본 사람 말을 들어야 한다. 남자친구 만나면서 '지금 좀 힘들어도 사랑하니까 나중에 괜찮아지겠지.' '나중 되면 변하겠지.' 제발 이런 생각은 하지 말아야 한다. 왜? 지금 나에게 보이는 모습이 장차 같이 살게 되거나, 미래에 나에게 보여주는 모습이라는 것을 잊지 말아야 한다.

사람은 자기 내면에 소리와 느낌을 느끼고 선택할 수 있는 차분한 시간을 허락해 준다. 그때 들리는 바른 소리와 느낌을 무시하지 말아야 한다. 결혼한 여자들이 그때의 바른 소리를 무시해서 고생하고 있다는 말을 주변에서 들어 보았을 것이다. 바람피운 거 용서해주면 자기 부모님 걸고 맹세한다면서 두 번 다시 바람 안 피운다면서 결혼하고 나니 대놓고 바람피우고, 술 마시고 욕하던 거 다신 막말 안 한다더니 결혼하고 나니 대놓고 툭하면 욕하고 막말하고 더 심해진다는 사실을 알아야 한다. 이런 남자 말고 가족과 주변 사람을 엄청 힘들게 하는 남자도 있다. 바로 알코올 중독이다. 이건 답이 없다. 여자가 아무리 노력하고, 기다려주고, 사랑해주고, 심지어는 병원을 데리고 가서 상담을 받아도 달라지는 것은 없다. 알코올 중독은 단순히 한 개인에게 국한된 골칫덩어리가 아니다. 가족 전체를 힘들게 할 뿐만 아니라 그를 아는 주변 사람을 다 괴롭히게 되어 있다. 술을 못 마시게 하면 돈을 빼앗고 도둑질을 해서라도, 아니면 길에서 병을 주어 팔아서라도 술을 사 마신다. 단순히 마시는 걸로 끝나지도 않는다. 술 마시고 음주운전은 기본이고 주변 사람들 피를 말린다. 그런데 생각 외로 요즘 30대 초중반 남자 중에 알코올 중독자들이 많이 있다. (초반에 알코올 중독자인지 체크하는 방법: 혼술이 잦고, 술로 인해 일상생활에 지장을 주고, 손떨림을 보이면 알코올 중독자가 될 가능성이 매우 높다.) 많이 좋아한다고 할지라도 이런 사람들은 안 만나는 것이 최선이다. 필자가 왜 이런 말을 하는지 아는가? 방금 언급한 나쁜 남자 유형을 만나서 잊지 못해 어떻게 해서든지 다시 만나려고 상담 신청하는 여자들이 너무 많이 있기 때문이다.

분명 자기가 남자친구에게 상처받고, 심지어 폭력까지 당했는데도 '원래 그런 남자 아닌데' 하면서 잘 인정하지 못한다. 그냥 자기의 잘못으로 자기 때문에 남자친구가 저렇게 되었다고 오히려 자책하는 여자들도 많이 있다. 이런 남자들을 만났다면 힘들겠지만 억지로라도 독하게 마음먹고 헤어져야 한다. 만나면 만날수록 시간 낭비하고, 마음고생이 더 커져서 나중에 헤어지려고 해도 헤어지기 힘든 상황까지 가기 때문이다. 사랑한다고 다 되는 것이 아니다. 이 세상에는 사랑해도 안 되는 것들이 너무 많다는 것을 알아야 한다.

그럼 다시 만난다면 어떤 남자를 만나야 하는가? 최소

6개월 이상 연애했던 남자. 처음은 남자가 나에게 열정적으로 노력하고 고백하고 사랑을 느끼게 해 주었던 남자. 이런 남자가 3개월 이후부터 자기 일에 집중하고 바빠지면서 연애에 신경 쓰지 못할 때 여자가 투정 부리고 이해 못 해주고, 이런 상태에서 남자가 시간을 갖자고 하거나, 우리 그만하자고 말했다면 이런 남자는 다시 만나도 된다. 또한 사랑을 지키는 것은 두 사람의 환경이다.

남자는 직업이 있어야 한다. 직업이 없으면 남자는 불안하고 자신감이 없어진다. 취준생하고 연애하기 어렵듯이 남자가 직장이 있고 목표가 있어야 여자 앞에서 당당하게 연애할 수 있는 상황이 되는 것이다. 만약 남자친구가 공시생인데 시험에 떨어져서 헤어지게 되었다면 합격하기 전까지는 연락하는 것을 권하고 싶지 않다.

그리고 필자는 가급적 앞서 언급한 나쁜 남자나 사귀었을 때 여자 문제를 일으키거나 남자 집안하고 종교적 신념 차이 가부장적 가치관 때문에 맞지 않다는 생각이 들면 안 만나는 것을 추천하고 싶다.

말은 헤어지자 해 놓고,
관계 설정 안 하고
섹스하는 남자

.
.
.

    보통 사귀자는 말 안 한 상태에서 섹스했다면 "우리 어떤 사이야?" 서로 관계를 설정하고 만나야 하는 것은 맞다. 왜냐하면 만난 지 얼마 되지 않았기 때문이다. 그러나 사귀었던 사이고 남자가 말만 헤어지자 해놓고 섹스하는 경우는 다르다. 왜? 이미 서로에게 너무 익숙해져 있기 때문에 여자가 거절하거나 애원을 해도 안 통하기 때문이다. 이런 경우 머리하고 마음이 따로 놀고 있고, 또 습관 때문에 서로 관계가 유지되는 것이다.

    어떤 사이인지 이런 말만 안 하면 그냥 연인처럼 잘 지내는 것 같지만 여자 마음은 편하지 않다. 애인에서 섹파가 된 기분 같기 때문이다. 마치 정규직에서 계약직으로 강등된 기분이다. 또한 한번 헤어지자는 말이 나왔기 때문에 여자가 감정조절을 못하고 신경질적인 모습을 보이면 남자가 헤어지자는 말로 무기 삼아 여자가 더 이상 못 다가오게 선을 긋는 경우가 많이 있다.

그렇다면 보편적으로 남녀가 헤어지면 냉정한데 섹스만 하면서 사귀지는 않고 관계를 유지하는 이유가 무엇인가? 딱히 한 가지 이유는 아니다. 일단 남자가 보았을 때 속으로 이 여자는 괜찮다는 것이다. 그러나 뭔가 하나가 부족하거나, 현실적인 이유가 맞지 않아서 정확하게 사귀자 소리 안 하고 선 긋고 만나는 것이다. 그렇다고 남 주기는 싫기 때문이다.

남자가 이런 만남을 유지하는 것은 '여자는 좋은데 지금 당장 미래를 책임질 자신이 없다'는 것이다. 그리고 사귈 때와 다르게 구속받지 않고 편하게 연애하고 싶고, 자기 영역을 지키고 싶은 이유다.

사귈 때 여자친구의 집착과 연락 문제로 인해서 많은 다툼이 발생했다면 남자는 이별을 선언하고 헤어지려고 한다. 이때 여자가 매달리면서 남자를 잡으니까 남자는 여자의 다급해진 마음을 이용해서 예전처럼 사귀는 것은 어려울 것 같다. 하지만 뭔가 본인도 노력해 볼 테니까 만나보자고 한다. 단 우리가 예전 연인의 남녀 관계가 아니라, 그냥 남자 대 여자로 만나보면서 시간을 천천히 두고 만나자고 한다.

이런 식으로 말하는 남자를 보면 여자는 남자가 얄밉게 보일 것이다. 그냥 남 주기는 싫고 그렇다고 지금 당장 갖기는 부담스러운… 그래서 섹스만 하면서 관계를 유지하는 것이다. 대다수 여자는 이렇게 만나다가 남자의 생각이 변하지 않을까? 또는 내가 노력하면 남자의 생각이 변하지 않을까? 라고 기대하는데, 생각이 굳어지기 시작하면 좀처럼 반전은 잘 일어나지 않는다. 이런 상태에 놓여 있는 여자들 대부분이 불안하다. 예전에 사귈 때를 생각하면 분명 선을 긋는 것은 맞는데 막상 만나서 남자가 잘해줄 때는 사귈 때와 비슷하다. 그런데 좀 더 가까이 가거나 관계 설정하려고 하면 남자는 다시 선 긋는 모습을 보여준다. 아마 한번 헤어졌다가 애매하게 만나는 커플 또는 헤어진 남자친구가 갑자기 연락와서 술 한 잔 마시고 잠도 자는 상황으로 전개되는 경우도 있다. 답답해서 남자에게 진심을 얘기하거나, 아니면 모 아니면 도식으로 예전처럼 만나자고 하면 남자는 거절한다. 그렇다면 어떻게 해야 할까?

먼저 남자에게 내가 괜찮은 여자라는 것을 느끼게 해

준다. 단순히 한두 달 잘한다고 해서 남자의 생각은 변하지 않는다. 최소 6개월 정도 남자에게 잘해주어야 한다.

이 책을 통해 필자 입장에서의 남자에게 잘해준다는 말을 이해했을 것이다. 남자가 혼자 있고 싶다고 하면 혼자 있게 해주고, 싫은 소리 하지 않고, 가급적 연락은 오는 연락만 잘 받아주면 남자는 여자에게 편안함을 느낀다. 주의사항은 6개월 동안 한 번도 투정을 부리거나 싸우거나 화를 내면 안 된다는 것이다. 좀 호구가 되어도 상관없다. 남자는 여자의 마음을 이미 알고 있으므로 그냥 아무 소리 안 하면 남자는 여자가 예전하고 많이 달라졌다고 생각을 한다. 그리고 적당한 시기에 연락을 끊어야 한다. 연락 끊으면 여자에게 엄청 힘든 시간이 잠시 동안 지배할 것이다. 왜냐하면 이렇게 하다가 정말 헤어지는 것은 아닐까? 하는 생각이 들기 때문이다. 그러나 굳게 마음먹고 결심해야 한다. 왜? 대화도 안 되고, 애원해도 안 되고, 남자에게 순간 잘해준다고 해서 그의 생각이 변하지 않기 때문이다. 6개월의 기간은 짧은 시간이 아니다. 남자도 충분히 여자에게 편안함을 느끼고, 속으로 이 여자만큼 좋은 여자가 없다는 것을 남자는 이미 알고 있다. 그런데 이런 여자가 갑자기 연락도 안 되고 잠수 타버리면 남자는 어떤 마음이 들겠는가? 그때부터 남자는 집착이 생기기 시작하고 다급한 마음도 생긴다. 남녀 관계는 희한하게 그림자 같다. 내가 잡을 때는 남자가 도망가고, 반대로 내가 도망가면 남자는 잡으러 온다. 그리고 그동안 잘해준 것에 대한 고마움, 좋은 여자라는 느낌, 그리고 이제 이 여자를 만날 수 없는 후회가 밀려오기 때문에 자기도 모르게 강한 집착이 생긴다.

이때 남자한테 연락이 오면 바로 받지 말아야 한다. 왜? 처음 연락이 오면 대부분 찔러 보는 것이다. 처음은 받지 않고 3번 정도 연락이 오면 그때 반응을 보이는 것이다. "뭐해?" "바빠?" "왜 연락이 안 돼?" 이런 식으로 연락이 오면 "그냥… 요즘 몸도 안 좋고 그렇지. 뭐…" 애매한 반응인 답장에 남자는 조심스럽게 눈치를 살핀다.

왜? 예전하고 다른 모습을 보이기 때문이다. 남자가 "이제 나 안 볼 거야?" 또는 "우리 이제 그만 만날 거지?" 이렇게 답장이 오면 절대 반응하면 안 된다. 오히려 이런 말에 불안해서 답장을 바로 하거나, "왜? 내가 몸이 안 좋아서 연락하지 않았던 거야!" 이런 바보 같은 답장은 하지 말아야 한다. 오히려 남자가 한번 날리듯이 연락이 오면 쉽고 1주일 정도 틈을 두는 것이 좋다. 그리고 나서 "나는 이제 지쳤어. 이렇게 만나는 것은 아닌 것 같아"라고 말하면, 남자가 만나서 얘기 좀 하자거나 자존심 때문에 알겠다면서 일단 수긍할 것이다. 하지만 남자가 쉽게 물러나지 않는다. 그리고 누구보다 사랑했던 사이고 자기 여자라고 믿고 있기 때문에 정리하고 싶은 마음은 없다. 오히려 그동안 너무 선 긋고 냉정하게 했던 자기 모습도 미안하고, 그래서 여자에게 자기 마음을 얘기하게 된다.

여기서 단순히 얼굴 보고 만나서 얘기하자 했을 때 쉽게 만나면 남자 말에 휘둘릴 수 있으므로 피하는 것이 낫다. 가급적 남자에게 장문이 올 때까지 기다리는 것이 중요하다. 왜냐하면 남자들은 장문을 잘 사용하지 않은데, 갑자기 장문을 사용해서 나를 잡으려고 한다면 그의 굳은 결심이 들어간 것이기 때문에 이때는 답장해주어야 한다.

바로 그 즉시 어디서 보자는 이런 것이 아니라, 시간의 뜸을 들으면서 주말에 어디서 보자고 만남을 정해놓는다. 그리고 평상시처럼 만나면 된다. 잠자리는 바로 하지 말고 만나고 나서 1~2주 후 가까운 데로 바람이나 쐬러 갈까? 하면서 여행을 가는 것이다. 이 상태가 되면 남자에게 "우리 예전처럼 사귀는 것 맞지? 나 그렇게 생각해도 돼?" 이정도는 확인하고 관계를 이어 나가면 된다.

헤어진 남자와
다시
잘해보고 싶다면

.
.
.

　헤어지고 나서 다시 만나고 싶을 때 여자가 남자에게 하는 행동은 매달리는 것이다. "내가 잘할게!" "서로 노력해보자." "기회를 줘. 많이 사랑해." "진심인데 내 마음은 모르겠어?" "이렇게 아직도 많이 사랑하는데, 어떻게 헤어지자고 말하는 거야?" 등 다양한 말로 남자를 설득하고 회유하고 매달려본다. 그러나 남자는 어두운 표정 지으면서 미안해하고 그 순간을 빨리 피하고 싶어 한다.

　여자는 혼자 매달리고 혼자만 사랑하는 거 같아서 화가 난다. 매달리면 자신이 찌질하게 보여서 "꺼져라. 잘 먹고 잘살아라!" 하고 순간 독설을 내뱉고 집으로 돌아오지만,

그때부터 더 많은 슬픔과 괴로움이 찾아온다. 이렇게 끝나는 것인가? 너무 완고한 남자에게 매달려봐도 전혀 반응하지 않고, 예전하고 달라진 냉정한 모습을 보고 두려운 감정도 생긴다.

인터넷에 재회에는 골든 타이밍이 있다고 하는데 빨리 잡아야 하지 않을까? 하는 생각에 전화 받을 때까지 계속 10통이고 20통이고 하는데, 자신도 모르게 순간 헤어진 지 얼마 되지 않아 또 매달리게 된다. 한 번만 받아보라고 카톡이랑 문자 남기고, 다급한 마음에 택시 타고 남자 집에도 찾아간다. 또 보자마자 울면서 "좀 전에 욕해서 미안해"라며 더욱더 찌질한 모습을 남자에게 보여준다.

전화는 받을 때까지 하고, 안 받으면 카톡이랑 문자 남기고, 집에 찾아가고, 밤에 잠이 오지 않아 밤새도록 SNS·카톡 프로필 상태·유튜브 보면서 헤어진 남자친구에 관한 영상을 찾아볼 것이다. 이러한 행동을 1주, 3주, 1달, 심지어 6~12개월 동안 매달리는 여자들이 있다. 아마 헤어진 여자라면 이 중 한 가지 행동쯤은 해보았을 것이다.

보통 남자는 이별을 결심하면 한번 매달린다고 그 즉시 마음이 돌아오는 것은 아니다. 이미 남자는 사귀면서 길게는 6개월, 짧게는 3개월 전부터 조금씩 이별을 준비하고 생각한다. 쉽게 말해서 여자가 눈치채지 못하게 마음 준비를 하다 보니, 남자는 여자보다 이별 앞에서 더욱더 냉정한 모습을 보인다. 이런 남자에게 울고 매달리고, 전화 받을 때까지 하고, 집에 찾아가고, 본인 죽는다고 협박하고, 쓰레기라고 폭언하고, 욕하고 한다고 해서 남자 마음이 달라지지 않는다.

이별이 슬프고 힘들고 하늘이 무너지는 기분 같고 그냥 자신도 모르게 죽고 싶을 만큼 힘들다는 것을 필자는 상담을 통해 많이 들어서 너무 잘 알고 있다. 만약 지금 사귀고 있는 남자와 결혼은 안 될 것 같고, 힘들어도 정리해야겠다고 예전부터 생각했었다면 독하게 마음먹고 정리하는 것이 낫다. 재회할 생각이 아니라면 말이다. 재회는 시간도 많이 걸릴뿐더러 간단한 문제가 아니기 때문이다.

헤어진 남자가 너무 좋고 아직도 사랑하고 두 번 다시 이런 남자 만나지 못하겠다는 생각이 든다면, 지금부터 감정대로 행동하지 않고 냉정하게 노력을 해야 한다. 기본적으로 하지 말아야 할 행동은 매달리지 말아야 한다는 것이다. 보통 남녀 갈등이 있고 다툼이 있을 때 연애 초반 한두 번은 "헤어지자!" 말해도 다시 잡으면 잡힌다. 그러나 사귀고 6개월 이후 또 "헤어지자!" 하면 이별도 내성이 생겨서 잡고 매달린다고 해서 남자의 마음이 바로 돌아오지 않는다. 왜냐하면 헤어짐이 반복되면 남자도 지치고, 또 똑같은 문제가 되풀이될까 봐 두려워하고 있기 때문이다.

결혼식 날도 잡고, 혼수도 준비한 상태고, 신혼집도 준비해 놓은, 그야말로 결혼이 코앞이라면 남자 앞에 매달려도 된다. 이것 말고는 웬만해서는 특별한 잘못을 하지 않는 이상 매달리지 말아야 한다. 왜? 보통 남자들이 이별할 때 여자가 그 순간 받아들이게 되면 최소한 친구처럼 연락하면서 지내려고 하는 것이 남자들의 마음이다. 재회를 하고자 할 때 헤어지고 나서 연락이 되냐? 안 되냐? 이 부분이 참으로 중요하다. 너무 심하게 매달리면 남자는 차단을 한다. 그러나 이별을 인정하게 되면 사귈 때만큼은 아니지만 필요할 때 연락은 주고받을 수 있다. 헤어지더라도 이 정도 상태는 만들어 놓아야 시간 지나고 접근하기 편한 것이다.

그런데 여자가 너무 격렬하게 매달리다 보면 남자는 생각이 많아진다. 이 여자 너무하다는 생각과 또 순간 무섭다는 생각, 부담감, 그리고 너무 매달리니까 있는 정까지 떨어지기 시작한다. 남자는 여자가 매달리는 과정에서 더

연애가 힘든
당신에게

싫어지는 것이다. 이별하는 이유는 여러 가지 있겠지만 그 중 하나가 대부분 지쳐서 이별을 선언하는 것이다. 남자 입장에서 지쳤다는 것은 연애를 형식적이고 의무감으로 했다는 증거이기도 하다. 이런 경우 이별하고 나서 한 달 정도 혼자만의 시간을 보내면 마음에 여유가 생겨서 지친 마음이 사라지게 된다. 이때부터 전 여자친구 생각이 조금씩 나기 시작한다.

필자는 지금껏 10년 동안 카페를 운영하면서 헤어진 커플을 보면 먼저 연락이 오는 남자가 있고, 안 오는 남자도 있다. 연락 오는 남자들의 공통점은 헤어지고 나서 안 잡고 좀 내버려 두는 것이다. 여자는 헤어지고 나서 좀 힘들어도 운동도 하면서 자기 시간 보내고, 그동안 못했던 것들 하고 있으면 남자가 알아서 연락이 온다. 이 말이 마치 '운이 좋아서 그런 것은 아닐까?' 생각하지만 절대 그런 것은 아니다. 헤어질 때 매달리지 않으면 남자도 시간 지나 전 여자친구 생각이 나면서 많이 미안하고, 고맙다는 생각이 든다. 그리고 시간 지나면 한 번쯤은 연락해 보아야겠다고 생각한다. 남자가 연락이 와서 다시 만나게 되면 '재회의 정석'이라고 필자는 말한다. 여자 입장에서 연락해서 잡는 것은 그만큼 거절에 대한 두려움을 안고 시작해야 하기 때문이다.

　남자가 "잘 지냈어? 그때 미안했어." 이런 비슷한 말 나오면 웃으면서 "미안하면 밥 한번 사." 하면 된다. 그리고 만나면 그냥 아무 일 없었듯이 친구처럼 만나면 된다. 잘 웃어주고, 밥 먹고, 차 마시고, 좀 걷고, 여기서 남자가 스킨십을 하거나 만지려고 하면 정색은 하지 말고 조금 살짝 빼는 느낌은 주어야 한다.

　남자가 계속 연락이 오고, 만나자고 하면, 바다 구경시켜 달라면서, 1박 2일 정도 여행 삼아 가까운 지역에 여행 가는 것을 추천하고 싶다. 여행가게 되면 남자는 분명 기대한다. 여행 가서 남자가 섹스하려고 하면 그때 "우리 사귀는 거야? 자기 왜 나한테 사귀자 안 해?" 이렇게 하면 어색함을 줄 수 있으니 그냥 "자기 나 궁금한 것 있는데, 우리 예전처럼 다시 만나는 것 맞지?" 이렇게 하면서 관계 설정하는 것이 자연스럽다. 처음부터 과도한 고백을 요구하거나, 다시 사귀자 하는 것보다 그냥 자연스럽게 예전처럼 만나자 하고 관계를 이어 나가는 것이 좋은 방법이다.

　이번 장은 헤어지고 나서 매달리지 않아도 자연스럽게

남자가 연락이 와서 다시 만나는 경우를 설명하였다. 어떻게 보면 재회의 정석이다. 그런데 여자는 남자를 빨리 잡아야 한다고 생각해서 많은 모순을 연발해서 남자가 더 다가오지 못하도록 만들어 버린다. 헤어진 이유는 다양하지만, 기본적으로 시간을 가지면서 만나게 되면 서로 안좋은 기억이나 지친 마음이 많이 사라지게 된다. 또 충분히 혼자 있으면 서로의 빈자리 소중함, 그리고 자기성찰도 가능하기 때문에 다급하게 잡아서 바로 시작하는 것보다 훨씬 더 서로의 애정에 도움이 된다.

6장

이별 후
다시 재회를 꿈꾼다

헤어진 이유를
명확하게 알고
파악하자

·

·

·

매달리는 행동은 이성적이지 못하고, 대부분 감정적이며 불안한 상태다. 그러나 이러한 마음 상태도 시간이 지나면 조금은 적응하고 마음도 진정된다. 그렇다고 다 잊고 정리된 것은 아니다. 계속 생각나고, 밤 되면 힘들고, 우울하고, 입맛도 없고, 살도 빠지게 된다. 그리고 조금씩 냉정을 되찾으면서 왜 이렇게 되었는지 객관적으로 분석도 하게 된다.

헤어질 때 진심도 보이고, 간절한 마음도 보여주었을 것이다. 그러나 남자는 이미 헤어질 결심을 하였기 때문에 간절한 진심이 안 통한다는 것을 깨달았을 것이다. 그와 다시 만나려면 무엇부터 생각해 보아야 할까? 근본적으로 두 사람 문제점과 헤어진 이유를 먼저 알아야 한다. 남자들은 이별할 때 정확한 이유를 말하지 않는다. 이 책을 통해 남자들이 무엇을 좋아하고 무엇을 싫어하는지, 그리고 남자들이 왜 이별을 선언하는지 이해가 될 것이다.

일반적으로 헤어지는 이유에 대해 생각해보자.

1. 남자를 인정하지 않았을 때

기본적으로 남자는 여자에게 잘나 보이고 싶고, 또 여자에게 뭔가 해주면서 기쁨을 얻고자 한다. 여자에게 인정받고자 하는 욕구다. 보통 여자는 사랑받기 위해 연애를 하지만 남자는 여자에게 인정받기 위해 연애를 한다. 인정은 있는 그대로 상대를 받아들이는 것을 말한다. 하지만 여자가 일방적으로 자기 생각을 강요하거나 남자에게 지나친 잔소리와 말로 남자를 변화시키려고 하면, 남자는 여자에게 자신이 없어지며, 자기가 무능한 사람이고, 여자에게 무시당한다고 생각이 든다.

또한 대다수 여자 중 사소한 것까지 남자에게 간섭하는 경우가 있다. 옷이며 머리 스타일이며 심지어 사생활까지

연애가 힘든
당신에게

바꾸고 간섭하려는 사람도 있다. 그리고 무엇을 하든지 자기에게 얘기해 달라고 요구하는 여자도 있다. 만약 남자가 자기 요구를 들어주지 않으면 자기를 사랑하지 않는다고 생각하여 남자에게 지나친 감정적인 모습을 보이면서 많은 갈등을 유발하게 된다. 남자는 독립적이며 자율적인 성향을 가지고 있다. 이런 속성을 억제하는 것 자체가 남자들이 힘들게 하는 것이다. 만약 이런 생각을 하였던 여자라면 자신을 되돌아보아야 한다.

2. 남자를 존중하지 않았을 때

섹스 앤 더 시티『그는 당신에게 반하지 않았다He's Just Not That Into You』저자 그렉 버렌트Greg Behrendt는 이런 말을 하였다. (그렉 버렌트 저자의 책은 센스 앤 더 시티가 아님)

"그가 누군가를 병원에 급히 데려가야 할 때나 방금 직장에서 해고 당했거나, 그의 페라리 승용차를 누가 훔쳐갔을 때가 아니라면, 그는 당신에게 전화하는 걸 잊어서는 안된다."

남자는 직장에서 해고당하거나 페라리 승용차를 도난당하면 연락이 안 된다고 했다. 이 말은 남자에게 힘든 일이 생기거나 일이 바빠지게 되면 여자에게 집중을 하지 못한다. 단순히 일 뿐이겠는가? 주식이 폭락했거나 코인을 잃었을 때 시험에서 낙방했을 때 부모님이 편찮으실 때 남자는 연락이 안 된다.

또한 남자는 어떤 문제가 생기거나 깊은 고민에 빠지면 자기 혼자서 모든 일을 해결하고자 하고, 고민이 해결되기 전까지 여자와 거리를 두고자 한다. 하지만 여자는 이러한 행동에 잘 이해가 되지 않으며 남자가 자기를 사랑하지 않은 것으로 생각한다. 연애가 이래서 어려운 것이 아니겠는가? 남자 여자에 대한 차이와 지식이 없으면 사람들은 이런 착각과 오해에서 벗어나지 못한다. 그래서 남녀 차이를 알면 서로 이해가 되고 존중할 수 있다.

보통 남자는 연애할 때는 연애하는 시간이 제일 소중한 시간이다. 또 헬스나 조기 축구 가서 운동하고 있으면 그 시간이 제일 소중하고, 일에 집중하고 있고, 주말에도 일하고 있으면 주말 일하는 시간이 제일 소중하다. 여자는 첫째도 사랑, 둘째도 사랑, 셋째도 사랑이라면, 남자는 한가지 일밖에 집중을 못하기 때문에 그 자체를 존중해 주어야 한다. 만약 여자 시각으로 연락이 되지 않고 나를 사랑하지 않는다고 남자에게 투정 부리게 되면, 남자는 이 여자가 나를 이해하지 못하고, 속 좁은 여자이고, 이런 여자와 미래를 함께 할 수 없다고 생각한다. 남자가 무엇을 하는지 있는 그대로 존중해 주는 법을 배워야 그 사람 마음을 얻을 수가 있으며 관계를 오래도록 유지할 수 있다.

3. 지나친 결혼 얘기 및 결혼 압박

처음 남자를 사귈 때는 기쁘고 즐겁고 기대하는 마음으로 남자를 만난다. 하지만 만나면 만날수록 지나치게 결혼 얘기를 한다든지 향후 미래를 얘기한다든지 미래를 함께 하는 식의 얘기를 하는 여자들이 많이 있다. 뭐… 나이도 들고, 이제 사랑하는 남자를 만났으니 결혼해야 하는 것은 당연히 맞지만, 바쁘면 바쁠수록 천천히 돌아가라는 말이 있듯이 연애에서 결혼까지 가기 위해서는 가급적 천천히 나가야 하는 것 맞다.

왜냐하면 남자는 얼굴이 아무리 예쁘고 반한 여자를 만났다 할지라도 결혼을 하려면 엄청난 결심과 각오가 필요하기 때문이다. 여자를 먹여 살리고 평생 책임져야 한다고 생각한다. 이런 남자에게 순간순간 진지하게 "나랑 결혼할 마음 있는 거야?" "나랑 결혼 생각할 거야?" 하면 남자들은 "그럼 있지! 당연하지! 결혼해야지!"라고 말한다. 그러나 대부분 거짓말이다. 왜? 그렇게 대답하지 않으면 여자가 화를 내기 때문에 그 순간을 모면하기 위해 하는 거짓말이 대부분이다.

여자도 남자에게 결혼하고 싶은 여자가 되려면 노력해야 한다. 굳이 "나랑 결혼할 거지?" 말로 확인하지 않더라도, 말보다는 차라리 친밀하게 잘 지내고 편안하게 해주면서 자신이 좋은 여자라는 것을 느끼게 해주어야 한다. 그래야 남자는 여자를 만나면서 결혼을 결심하는 것이다.

4. 그에게 새로운 여자가 생겼기 때문

이런 경우는 실연녀에게 제일 힘든 시간의 연속이다. 화도 나고, 질투도 나고, 자존감도 많이 떨어지고, 비교도 많이 하게 된다. 심지어 여자들이 헤어지고 나서 성형을 많이 하는 이유가 전 남자친구에게 새로운 여자가 생겼기 때문에 하는 경우가 많다고 한다. 새로운 여자가 생겼다면 남자에게 그 시간이 제일 행복한 시간이다. 이 시기는 부모님이 반대해도 만난다. 기본적으로 남자는 새로운 여자에게 많은 매력을 느낀다. 전 여자친구와는 많이 싸우고 단점만 보이는 반면, 새로운 여자는 그저 매력만 보인다. 이런 상황에 연락하고, 본인 하고 싶은 말을 하게 되면 남자는 짜증만 나고 선 여자친구가 디 싫어지고 미위진다. 다시 만나고 싶으면 속은 상하더라도 잘해주고 최소한 친구처럼은 지내도록 해야 한다. 그러고 나서 그가 싸우고 갈등이 생길 때까지 기다려야 한다.

만약 연락이 오면 새로운 여자와 갈등이 생기기 시작했다는 신호로 받아들이고, 예전하고 다른 모습을 보여야 한다. 머리 스타일도 옷도 평소와는 다른 스타일로 예쁘게 보여야 한다. 그리고 그의 얘기를 잘 들어주고, 편안한 느낌을 전달해야 한다. 그래야 그가 힘들 때마다 나를 의지할 것이다. 그에게 연락이 자주오거나 만남으로 반복되면 그땐 정확하게 말해야 한다. 힘들면 정리하고 돌아오라고. 주의사항은 사귀기 전까지 잠자리하면 안 되고, 한 번 연락이 오고 만났다고 해서 집착하는 느낌을 보이면 안 된다. 최소 5번 이상 만나고, 연락이 자주 온다면 그때 명확히 말해야 한다.

잡아야 할 남자인지
기다려야 될 남자인지
분석하자

.
.
.

큰 틀에서 재회의 방법은 두 가지 방법밖에 없다. 첫째 잡든지, 둘째 일정한 시간 동안 기다리든지다.

필자가 추천하는 것은 자신이 직접 하는 것을 권한다. 어떤 이는 직간접으로 친구를 시키거나 소개해준 사람에게 도움을 요청하는 경우가 있는데, 헤어지고 나서 주변 사람들은 오히려 자신의 연애를 방해하거나 상처주는 경우가 더 많다. 그래서 본인이 하는 것을 추천한다.

어떤 이는 재회컨설팅에서 일아서 다 해준다고 해서 믿고 의뢰를 했다고 한다. 헤어질 당시 매달리고 나서 얼마 되지 않아 다급한 마음에 빨리 잡아야겠다고 의뢰를 하였는데, 방법은 전 남자친구에게 케이크를 갖다주는 것이었다. 케이크 받은 전 남자친구는 어떤 기분일까? 안 그래도 얼마 전까지 매달린 전 여자친구인데, 이번엔 타인을 시켜서 케이크를 갖다주니까 '제발 이런 짓 좀 하지 마. 이제 좀 그만해. 한 번만 더 이런 짓 하면 고소한다.' 이런 말까지 들은 예도 있다. 참고로 인터넷에 '재회' 검색하면 사연 및 컨설팅이 엄청 많이 나오는데, 재회컨설팅을 통해서 전 남자친구를 잡고자 한다면 어떤 방식으로 하는지 잘 알아보기를 바란다.

필자가 알기론 케이크 갖다주는 서비스 또는 사귈 당시 전 여자친구가 라디오에 사연을 보내서 이벤트 당첨된 것으로 연출해서 전 남자친구를 레스토랑에서 만나 밥먹는 이벤트를 하는 곳도 있다고 한다. 얼핏 보면 얼굴 보고 만나니까 좋지만 헤어진 마당에 아직 껄끄러움과 앙금도 남아 있는데, 굳이 얼굴 보고 밥 먹는 것이 그렇게 좋은 것은 아니다.

정말 헤어지고 다시 만나려고 한다면 헤어질 당시는 좀 힘들어도 각자 서로 이별의 아픔과 상실감도 느껴보고, 또 서로의 문제점을 반성하고 나서 생각나고 보고 싶을 때, 그 타이밍을 이용해서 잡는 것이 제일 무난한 재회이다.

그래서 재회의 골든 타이밍은 사실상 결혼 준비하다가 헤어진 커플이 아니면 자신에게 해당사항은 되는 것은 아니다. 물론 결혼 준비하다가 집안 어른들끼리 싸운 커플들은 골든타임을 적용하면 안 된다. 최소 불쾌한 기분이 사라져야 하므로 6개월 이상이 필요하다.

잡는 것과 기다리는 개념을 생각해보자.

잡는 것은 내가 다가가거나 먼저 연락하고 만나자고 하거나, 또는 찾아가는 행위를 잡는다고 한다. 그런데 잡는 것도 매일 잡게 되면 매달리는 행위가 되는 것이다. 잡는 것과 매달리는 것의 행동을 잘 구분하자. 기다리는 것은 말 그대로 남자가 연락해 올 때까지 아무것도 하지 않는 것이다. 인터넷에 떠도는 헤어진 남친 잡는 방법을 보면 헤어지고 나서 카톡 프로필사진을 일부러 잘사는 사람처럼 예쁘게 꾸미고, 남자랑 놀러 간 것처럼 질투심을 유발하라는 내용도 있다. 얼핏 보면 전 남자친구가 프로필사진을 보고 연락이 오지 않을까 생각을 하는데, 필자가 생각하기에 헤어진 지 얼마 되지 않았기 때문에 다른 남자랑 놀러 간 것을 프로필사진에 올리면 오히려 역효과도 날 수 있으니 신중하게 잘 생각해보고 결정하는 것이 더 좋지 않을까 생각한다. 사람은 눈에서 안 보여야 더 생각나고 보고 싶은 마음이 들기 때문이다. 헤어진 지 얼마 되지 않아 질투심을 유발하는 것은 오히려 남자에게 화를 돋우고 마음을 닫게 할 수 있으니, 차라리 좋은 배경이나 아무것도 하지 않는 것이 더 낫다. 물론 사귈 때 원래 카톡 프로필사진 잘 바꾸고 평소 거기에 잘 반응한 남자라면 한두 번은 괜찮지만, 사진을 통해서 상대방의 마음이나 의중을 정확하게 파악하기는 어렵다. 차라리 본인이 부딪히면서 전 남자친구의 반응을 파악하고 대처하는 것이 제일 정확하다.

그동안 연애나 남자에 대해 잘 몰랐더라도 남자랑 헤어지면서 연애 공부도 많이 하고, 남녀 차이점을 발견하면서 이해했을 것이다. 대부분 주변에서 여자가 먼저 잡으면 갑이나 을이니 이런 잣대로 여자가 손해 볼 것처럼 말하지만, 이러한 말은 매우 근시적이며 짧은 생각이다. 얼마든지 관계를 반전할 수 있는 기회가 있다. 지나고 나면 남녀 관계는 시소타기처럼 갑을이 바뀌는 것이다. 그래야 인생이 공평하지 않을까? 그리고 누가 잡았는가보다 서로 함께 하고 있다는 것이 더 중요한 것이다.

이별하고 나서 혼자 남아서 고독을 느껴보지 않았는가? 헤어지고 나서 처음은 잘 잡히지 않는다. 잡히는 경우는 우발적인 헤어짐인 경우이거나 아직 내성이 생기기 전 남자가 한두 번 이별 얘기를 했을 때 여자가 미안하다 울면서 말하면 잘 잡힌다. 왜? 남자는 순간 화가 났지만 헤어질 마음도 없었고, 또한 헤어질 것처럼 여자를 놀라게 해서 주도권을 잡으려는 의도만 있었기 때문이다. 한마디로 이별을 이용해서 주도권을 잡으려는 남자들이기 때문에 잘 잡힌다.

이런 경우 아니고 진짜 이별을 생각하는 남자라면, 지쳤거나 상처받았거나 결혼 압박을 받았거나 아니면 자기 생각을 무시당한다는 기분이 들면 남자는 이별을 생각한다. 이별 생각은 한두 번 한 것이 아니라, 사귀면서 조금씩 계속하기 때문에 쌓이다가 이별에 이미 결심이 서게 되는 것이다. 여자들이 헤어지면서 많이 매달린 상황이라면 기분이 상해있기 때문에 어떤 말과 설득을 해도 잘 잡히지 않는다. 그래서 최소 3주에서 1달 정도 남자의 마음이 좀 진정되는 시간이 필요하다. 그래야 대화가 되기 때문이다.

그렇다면 잡아야 하는 경우는 어떤 경우인가?

1) 남자가 나에게 잘해주고, 헌신했을 때

대부분 여자가 실연당했을 때 남자를 힘들게 하는 경우가 많이 있다. 말을 비꼬고, 투정 부리고, 버럭 화내고, 감정적인 모습을 보일 때다. 간혹 이런 착각을 하는 여자도 있다. 분명 여자가 잘못해서 헤어진 경우인데, 나는 예쁘고 어리기 때문에 내가 아무리 잘못하여도 남자가 잡아주고, 다시 시작하자고 먼저 말해야 한다고 생각하는 여자들이다. 한마디로 남자들 입장에서 보면 재수 없는 여자들이다. 왜? 끝까지 잘못 해놓고 잡는 것도 남자가 잡아야 하는가? 남자는 자존심이 정말 강한 동물이다. 한번 수가 틀리면 진정 깊은 사과를 하지 않으면 마음을 절대 열지 않는다.

잡을 때는 단순히 잘한다. '기회를 달라.' '서로 노력해 보자.' 이런 말로는 잘 안 잡힌다. 정말 남자가 무엇 때문에 상처받았고, 또 어떤 일 때문에 기분 상하고 마음이 달렸는지, 남자가 사귈 때 자기에게 이 부분을 고쳐 달라 반복적으로 개선을 요구했거나, 특정 어떤 부분에서 좀 변하라고 했던 말들을 잘 생각해 보아야 한다. 재회라는 것은 답이 없다. 답은 두 사람의 연애 패턴에서 문제점을 찾은 뒤, 그 부분에 대해 사과하고 인정할 것은 인정해야 하는 것이다. 그래야 똑같은 문제가 반복되지 않는 것이다. 남자가 정확히 상처받았던 포인트를 찾아서 그 부분에 대해 사과하고, 정말 미안해하고, 후회하고 있다는 말을 전해야 한다. 그래야 남자 마음이 움직인다. 말 한마디에 천 냥 빚을 갚는다는 말이 괜히 나왔겠는가?

2) 남자가 상황이 안 좋을 때 또는

남자가 여자에게 미안하게 했을 때

남자가 너무 바쁘거나 미안해할 경우도 포함이 된다. 대표적으로 부모님이 오래도록 편찮으셨거나 돌아가신 경우다. 이런 상황에서는 솔직히 연애에 집중하기 어렵고, 일이 마무리되었다 하더라도 혼자 있고 싶어 하고 피하는 느낌을 받는다. 계속 인내하고 잡아주고 기다려주어야 한다. 또한 일 때문에 정말 쉬는 날도 없이 일하는 남자들도 있다. 주로 IT업종에서 근무하는 남자들이다. 프로젝트 끝나기까지 매일 야근해서 집에 늦게 들어가고, 연락도 잘 안되고, 답장도 안 해주는 경우도 있다. 처음 한두 번은 미안해하면서 관계를 유지하지만, 시간 지나면 미안해서 잠수타고 이별 당하는 것처럼 관계가 끝나는 경우다. 이런 남자들은 자존심이 강해서 남에게 피해를 주기 싫어하고 조용히 혼자서 잠수타는 것처럼 보인다.

반드시 잡아야 한다는 생각보다 시간이 지나도 계속 생각이 나고 내가 정말 좋아하는 사람이라면, 자기가 할 수 있는 최소한의 노력이라 생각하고 잡는 것이 제일 낫다. 그동안 남자친구를 만나면서 너무 좋았고 사랑했고, 시간 지나서 미안하고, 그래서 지금 후회하고 있다면, 한 번씀 용기를 내는 것도 방법이라고 생각한다. 앞서 언급한 것처럼 자기 생각이 옳고 이 남자가 좋다면 그것이 답이라고 생각해야 한다. 사람은 무엇을 얻으려면 용기도 내고, 또 두려운 상황들을 극복할 수 있어야 한다. 정말 마지막 노력이라 생각하고 그래도 안 된다면 '내가 할 수 있는 것 다 했다.' '이 남자 마음도 여기까지 인가보다.' 합리화하면서 정리하는 것도 하나의 방법이다.

또한 남자친구와 1년 이상 사귀고 정말 착하고 좋은 친구인데, 일이 너무 바빠지고 자기도 모르게 약속을 지키지 못하고 계속 바쁜 일이 가중된 남자다. 이런 경우 자영업자나 엄청 바쁜 일을 하는 남자도 해당한다. 또 헤어질 때 화가 나서 여자에게 실수로 욕을 했거나 엄청난 화를 낸 남자도 미안해서 여자에게 연락을 잘하지 못한다. 이런 경우도 여자가 잡아주어야 한다.

＊ 기다려야 되는 경우 ＊

기다려야 하는 경우는 권태기가 와서 지쳤을 경우다.

1년 이상 사귀었고 서로 정도 많이 들었고 추억도 많은 커플이라면 무조건 기다리는 것이 제일 낫다. 이런 경우 서로 익숙해져서 권태감으로 인해 헤어진 경우다. 잠시 다른 곳에 집중하고 나면 저절로 여자 생각이 나면서 연락이 온다. 그런데 오래 사귀었는데도 연락이 오지 않는 경우가 있다. 헤어지고 나서 1주일 또는 2주일 자주 연락하고 매달린 경우다. 자주 연락하고 매달리게 되면 남자들은 매일 이별하는 것 같아서 싫다는 것을 느끼고 있는 정까지 떨어진다고 생각한다.

시간이 지난다고 상대방이 나를 완전히 다 잊게 되는 것은 아니다. 희한하게 시간은 우리에게 안 좋았던 기억을 잊게 해주고, 좋았던 기억들만 생각나게 한다. 또 헤어질 때 안 좋았던 감정들, 기분 상한 것들을 다 잊게 한다. 헤어질 때 안 좋았던 감정들이 사라지고 나면 남자는 상실감도 생기고 허전함도 느끼게 된다. 소위 말해서 이때부터 후폭풍이 일어나기 시작하는 것이다. 만약 3~6개월이 지났는데도 연락이 오지 않는다면 그때는 합리화 시켜도 된다. '시간이 지나도 나에게 연락해 오지 않으니 마음이 저것밖에 되지 않은가 보다.'

만약 자신이 연락 집착으로 인해 헤어지게 되었다면 한 번 정도 사과하는 메시지 보내 놓고, 최소 3개월 이상은 기다려야 한다. 연락 문제로 헤어지는 경우는 남자가 느끼기에 여자가 많이 집착한다고 생각한다. 헤어질 때 기본적으로 매달리지만, 그 이후부터 매달리지 않고 헤어진 날 기준으로 1달 후, 사과 메시지 보내 놓고 최소 3개월에서

6개월까지는 연락하지 않고 기다려야 한다. 왜 그래야 할까? 연락으로 헤어진 여자들 대부분은 남자가 다시 만나도 연락으로 집착할 것이라 남자들은 예상한다. 그런데 헤어지고 나서 사과 메시지 보내고 나서, 그 이후부터 연락하지 않으면 남자는 '이 여자 변했구나!' 한번 사과 메시지 보내고 나면 또 계속 연락해 오겠다고 생각했는데, 3개월이 지나도 연락이 오지 않으니 예전하고 달라졌다고 생각한다. 연락 안 하면 안 할수록 남자는 간접적으로 여자가 변했다고 생각을 한다. 남자는 여자가 변했다는 생각이 들 때 다시 만나고 싶은 생각이 서서히 들기 시작한다. 다시 만나려면 예전하고 다른 모습을 반드시 보여 주어야 한다.

재회해서 첫 섹스
언제쯤 하는 것이
좋을까?

.
.
.

보통 남녀가 이별하면 결과적으로 여러 가지 형태가 나오게 된다.

1) 원수가 되는 커플

이런 경우 데이트 폭력, 스토커 신고해서 법적 싸움을 하게 되거나, 또는 사귀면서 진짜 갈 때까지 안 좋게 간 경우 헤어지고 나면 완전히 원수가 된다.

2) 남사친(남자 사람 친구) 또는
여사친(여자 사람 친구)으로 지내는 커플

서로 사랑해서 사귀었는데 대부분 현실적인 문제나 부모님의 반대로 헤어지는 커플들도 있다. 오래 만난 커플이라면 서로 얽혀있거나 지인들을 서로 잘 알고 있는 경우도 있다. 또한 사내 커플, 친구의 소개인 경우도 해당한다. 한마디로 헤어지고 나서 보면 껄끄러울 것 같은데 이러한 부분을 미리 방지하기 위해서 서로 친구처럼 오빠 동생처럼 지내자고 서로 합의하는 것이다. 어찌 보면 우호적인 관계인 것이다.

3) 섹파(섹스 파트너)로 지내는 커플

섹파로 지내는 커플은 생각 외로 많이 있다. 한마디로 머리하고 몸이 따로 노는 커플이다. 현실적인 부분이나 성격적인 부분은 안 맞다. 그러나 속궁합이 잘 맞고, 또 지금 당장 서로가 만나는 사람도 없으니 섹스를 하면서 그야말로 파트너로 지내는 커플이다. 의외로 이런 커플들이 완급 조절 잘하고 잘 타협하면 다시 좋은 관계로 발전할 수 있다. 왜냐하면 속궁합이 잘 맞기 때문에 계속 만나서 서로 얘기할 수 있는 기회가 있기 때문이다. 대부분 이런 상태에 놓인 여자는 초조하고 다급하다. 이렇게 해서라도 만나고 싶은 마음도 있고, 또 이렇게 만나다가 남자의 생각이 변하지 않을까 하는 기대감으로 만나지만, 특별하지 않은 이상 잘 변하지 않는다. 〈말은 헤어지자 해놓고, 관계설정 안 하고 섹스하는 남자(p.219)〉 내용을 참고해서 일정부분 친밀해지고 나서 잠수를 타는 것이 효과적이다.

4) 차단 당한 여자

보통 남자가 이별 선언을 하면 상대방은 힘들다. 그 순간은 조금 매달리지만, 그래도 받아들이고 인정하고 억지로 참으면서 실연의 아픔을 감당한다. 그런데 이별을 인정하지 않고 어떻게 해서든지 잡으려는 여자들도 있다. 필자가 카페를 운영해 보면 특별하게 매달리고, 스토커처럼 행동하는 여자들이 간혹 있다. 전화를 받을 때까지 하고, 안 받으면 문자, 카톡 남기고 어떻게 해서든지 남자친구에게 "잘하겠다." "기회를 줘." "미안해. 내 진심 모르겠어?"라면서 남자에게 엄청나게 매달린다. 단순히 전화로 매달리겠는가? 회사 근처를 찾아가든지 집 근처 찾아가서 한 번만 만나 달라고 한다. 이런 여자들 대부분 이상한 생각을 하고 있다. 빨리 잡지 않으면 재회에는 골든타임 있어 남자가 마음 정리를 한다. 이런 말들을 인터넷이나 주변에서 들어서 극단적으로 변한다. 또 다른 여자를 만날까 봐 빨리 잡고 싶은 마음이 생긴다. 생각하면 할수록 재회와 더 멀어진다는 사실을 깨닫지 못한다.

5) 전화번호 변경하는 남자

차단했는데도 다른 전화기로 연락을 하고, 문자 보내고, 카톡으로 진심 어쩌고저쩌고 보내는 여자는 어떻게 해야 할까? 남자가 카톡을 차단하면 여자가 탈퇴 재가입해서 또 카톡 메시지를 보내온다. 남자 입장에서 얼마나 짜증 날까? 여자가 남자 집에 찾아가서 남자가 경찰에 신고하고, 출동한 경찰관에 훈방을 듣는 여자도 해당한다. 이런 상황까지 갔다면 남자는 절대 여자에게 안 돌아간다. 소위 말해서 막장까지 간 커플이다.

이별을 하게 되면 정말 남자와 깔끔하게 끝나는 예도 있지만, 그 순간 이별을 인정하고 존중해 주면서 서로 우호적인 관계로 최소한 연락할 정도. 가느다란 한 선만 만들어 놓으면 얼마든지 관계를 부활해서 다시 잘되는 경우도 있다. 그런데 많이 매달린 여자일수록 그만큼 안 좋게 끝나고, 안 된다는 사실을 이해해야 한다. 이별 한 달 후 전 남자친구를 만나게 되면 커피나 밥을 먹게 된다. 처음은 서로 어색하고 남자가 많이 경계한다. 그러나 한두 시간 지나면 예전처럼 분위기가 풀어진다. 술을 마시는 경우도 있고, 아니면 남자가 오랜만에 보니까 좋다면서 살짝 손을 잡거나 스킨십을 시도하려고 하는 경우도 있다. 아무

튼 알 수 없는 묘한 상황이 전개될 때, 대부분 여자는 빨리 다시 만나고 싶어서 한 달 이후 보자마자 섹스하는 경우가 있는데, 섹스하고 나면 남자는 마음이 급격하게 식어서 예전으로 돌아가는 경우가 있다. '미안한데, 우린 역시 좀 안 맞는 것 같아! 나도 스킨십하면 좀 나아지지 않을까 해서 잠자리를 했는데…' 이런 식으로 핑계를 대는 경우가 있다.

　이별 이후 전 남자친구를 만났다면 계속 만남을 이어 나가도록 하는 것이 좋다. 가끔 이렇게 만나서 술 마시고, 밥 먹는 것도 좋을 것 같다는 식으로 전 남자친구에게 말을 해놓고 관계를 유지하고 이어 나가도록 해야 한다. 첫 만남에서 섹스는 피하는 것이 좋다. 실제 섹스만 하고 싶어서 돌아오는 경우도 있기 때문에 전 남자친구가 "같이 있을래?" 다른 방식으로 유혹해도 무조건 피해야 한다. 그리고 처음은 여자가 밥을 사도 괜찮으니 "다음에 네가 술 사." "나중에 밥 한번 사." 하면서 최소 2~3주에 한 번씩 만남을 유지하는 것이다. 만약 2~3주가 안된다면 한 달에 한 번씩 만나도 괜찮다. 이런 만남을 최소 4~5회 정도 이어지게 되면 남자는 여자가 엄청 변했나는 것을 느낀다. 왜? 예전하고 다르게 자기에게 집착하지 않고, 또 오랜만에 만나니까 새로운 여자를 만난다는 느낌마저 든다. 그러면서 점점 연애 감정도는 올라간다. 그렇다고 남자가 달콤한 말을 하거나 애정을 표현하더라도 성급해서는 안 된다. 4~5번 정도 만났다면 어느 정도 친밀해졌기 때문에 남자에게 부탁을 할 수 있다. 나 요즘 회사 때문에 좀 심란해서 바다 구경하고 싶은데, '한번 데려가 줄래?' '너 운전 정말 잘하잖아?' 이런 식으로 남자에게 부탁하는 것이다. 그리고 1박하고 오자! 미리 말은 하지 않고 다녀온다.

예쁘게 꾸미고 여행하러 온 것처럼 '우리 오랜만에 여기 오니까 예전에 사귈 때 여행 간 거 생각나! 그때 생각나?' 하면서 남자에게 그때 기억을 상기시키는 것이다. 바다 위에서 뛰어놀면서 장난치고 물을 뿌려도 된다. 왜? 그래야 씻으러 가야 하지 않겠는가? 이런 식으로 분위기를 만들어 놓고 "우리 오늘 자고 갈까?" 이렇게 던지는 것이다. 그러면 남자는 100% 그래도 돼? 할 것이다. 그때 같이 한방에서 자면서 밀당을 하는 것이다. 남자가 자려고 하면 "너 나랑 다시 사귈 거면 해도 돼, 아니면 하지마!"라고 관계 설정하는 것이다.

이렇게 하면 남자는 무조건 다시 사귀자고 한다. 왜? 그동안 4~5번을 만났고 만나는 동안 좋은 감정 느꼈고, 또 예전처럼 여자가 집착하거나 힘들게 하지 않았기 때문에 달라졌다고 생각한다. 꼭 이런 방식으로 동일하게 전개가 되는 것은 아니지만, 최소 만남과 횟수는 조절해 가면서 반드시 여행 가서 첫 섹스를 하는 것을 필자는 권한다.

상담을 해보면 어제 처음 만나서 어찌어찌하다가 술 마시고 잤다고 하는데 어떻게 하면 좋을까? 불안한 마음에 상담을 신청하는 여자들이 많이 있다. 이별 후 처음 만나서 자게 되면 다시 헤어진 1일이 되는 경우도 많이 있다. 왜냐하면 감정조절이 안 되었으므로 다시 불안해지고 남자 사귈 마음도 없는데 술 먹고 그냥 즐긴 것은 아닌가? 여자들 생각이 많아진다. 남자도 자고 나니까. 어색해져서 그 이후부터 말이 없어진다.

차라리 만남을 2~3주에 한 번씩 4~5번 만나게 되면 서로에게 적응하기 때문에 어색하지는 않다. 이 점을 잘 이해하고, 다시 만나도 패턴을 만들어야 하는 것을 잊지 말아야 한다. 전 남자친구를 만날 때마다 진지한 모습이나 어색한 모습은 보여 주지 않아야 한다. 항상 웃는 모습을 보여 주려고 노력해야 한다.

재회하고 나면
알아도
모른 척해라!

·
·
·

자신이 재회하려고 할 때 주변 친구나 선배들은 재회를 권하지 않는다는 것을 알게 될 것이다. 그 이유는 무엇인가? 헤어진 남자친구 마음이 예전 같지 않고 많이 식어 있기 때문이다. 헤어진 남자친구를 처음 다시 만났을 때는 잠시 좋으나, 관계를 유지하는 데 있어서 만나면 만날수록 예전같이 않다는 것을 깨닫게 될 것이다. 그래서 재회해서 시작하는 여자들은 이중고 안고 시작하는 것이나 마찬가지다. 남자 마음은 식어 있다면 또다시 헤어지지 않을까? 재회해서 관계를 이어 나가는 방법이나 헤어져 있는 동안 자기반성과 재정비하지 못한 여자들은 다시 만나도 얼마

지나지 않아 똑같은 문제로 헤어지게 된다는 것을 주변에서 많이 보게 될 것이다.

필자가 운명하는 카페 후기를 보면 재회해서 결혼했다는 글과 역시 재회는 하면 안 된다는 글이 반반 올라온다. 대부분 재회해서 잘된 여자들은 운이 좋아서 잘 된 게 아니다. 그들이 어떤 노력을 하였는지 아는가? 헤어지고 나서 처음은 힘들어도 자기 아픈 마음 추스르고, 자기관리하고, 또 그동안 몰랐던 남녀 관계 공부하고, 감정조절을 한다.

1년 이상 주말마다 심리연구소에 와서 자기 마음을 다스리는 여자들도 많이 있다. 이런 여자들은 결혼해서 시간이 지나도 행복하게 잘 산다.

가끔 헤어지고 나서 1~3주만에 저 재회했다고 요란스럽게 인터넷에 후기 올리는 여자들 대부분 그들은 헤어지고 나서 한번 잡히는 그 시기에 매달려서 잡은 여자들이 대부분이며. 알고 보면 재회가 아니라 화해인 것이 대부분이다. 이런 여자들은 한 달 이상 못 간다. 헤어지고 나면 또 헤어졌다고 글을 올린다.

사람 욕심은 끝이 없다. 처음 남자와 헤어지고 나서 연락이 되지 않아 제발 연락이라도 되면 좋겠다! 이런 생각하다가 연락이 되어 안부 묻고 지내다가 만나게 되면 그 순간은 엄청 기분이 좋다. 모든 것이 잘 될 것 같은 기분인데, 여기서 또 다시 사귀자 소리 안 하니까 힘들어진다. 그러다가 남자가 다시 사귀자 하고, 다시 만나면 여자들이 기대한 대로 연애가 잘 되지 않는다. 남자는 지쳐 있고, 마음이 예전 같지 않다. 그렇다면 어떻게 하면 재회해서 관계를 잘 이어나갈 수 있겠는가?

그것은 알아도 모른 척해야 되는 것이다.

처음 헤어진 남자와 다시 만나서 사귄다는 것은 얼마나 큰 기대와 기쁨이겠는가? 그러나 다시 만나서 막상 관계를 유지해보면 남자들은 연애에 의욕이 사라진 사람처럼 보인다. 어디 나가서 데이트 하는 것 자체를 귀찮아하고, 집에서만 보려고 하는 남자도 있고, 어떤 남자들은 생각보다 말이 없고, 의지도 없고, 핸드폰만 보는 남자도 있다. 이런 남자와 다시 데이트 하고 만나서 잘 지내려고 하니까 여자 입장에서 힘 빠지고 짜증나고 지치기 시작한다.

남자 입장에서는 헤어진 여자를 다시 만나서 사귀는 것은 좋지만, 예전만큼 열정이 나오지 않는다. 흥미도 떨어지고, 이미 모든 것을 다 알고 있기 때문에 그냥 마음 자체가 권태기가 와 있는 사람처럼 보인다. 또 한번씩 여자가 감정조절 못해 서운해하는 모습을 보이게 되면 예전에 싸울 때 안 좋았던 기억이나, 앙금이 있기 때문에 살짝 경계를 하면서 여자를 만나게 된다.

대다수 여자는 처음 사귈 때 그것도 아주 사이가 좋은 상태를 기억하면서 남자에게 애정을 요구를 한다. 그러나 남자는 무심한 느낌도 주고, 여자의 말을 잘 듣지 않는다. 그래서 여자들이 이러한 부분을 잘 참지 못하고, 얘기 좀 하자! 하면서 또 예전에 싸울 때처럼 싸우기 시작해서 그냥 우리 그만하자! 하면서 또 똑같은 문제로 헤어지는 것이 대부분이다.

필자는 이러한 부분을 너무나 잘 알고 있다. 그래서 재회해서 다시 잘 이어 나가고 싶은 여자들에게 충고를 하고 싶다. 남자의 이러한 마음을 모른 척하라고 조언을 한다. 그리고 사귈 때처럼 매일 연락하고, 주말마다 만나려는 생각은 버려야 한다. 그러면 어떻게 관계를 유지해야 하는가? 기본 연락은 만날 때 약속 정할 때만 사용하고, 남자가 연락이 오면 아무 일 없었듯이 자연스럽게 잘 받아주고, 통화 또한 많이 하려고 하시 밀아야 한디.

그리고 남자친구에게 우리 한 달에 두 번만 보자고 말

을 하는 것이다. 가급적 만나면 하루정도는 같이 밤을 보내기를 권한다. 한번은 같이 밤을 보내고, 한번은 낮에 만나서 데이트 하자는 식으로 정해놓고, 한 달에 두 번만 만나기를 추천한다.

이렇게 해야 되는 이유가 무엇인 줄 아는가? 인위적으로 물리적 거리를 만들어서 남녀 관계를 유지하게 되면 오랜만에 만나면 즐겁고, 반갑고, 연애 감정정도를 올라가기 때문이다. 이러한 만남은 경험해보지 않은 여자들은 잘 모를 것이다. 예를 들어 자기 남자친구가 경찰학교에서 교육받고 1주일에 한번씩 주말에 외박 나오는 남자와 연애를 해보아라. 보면 볼수록 애절하고, 너무 반갑고, 그날이 기대된다.

사이좋지 않은 부부가 주말부부하면 사이가 좋아진다는 말을 들어 보았을 것이다. 일종에 그런 원리다. 이러한 만남을 3~6개월정도 하게 되면 남자의 마음이 회복되는 것을 경험하게 될 것이다. 필자는 그동안 현장에서 상담하고, 코칭을 많이 해보았다. 다시 만나서 관계를 잘 이어나가기 위해 여러 가지 방법을 시도해 보았지만, 그중에서 제일 좋은 방법은 한 달에 2번 정도 만나면서 관계를 유지하는 것이 제일 좋은 것 같다.

이런 만남을 유지하고, 남자를 만나게 되면 남자는 편안함을 느낀다. 왜냐하면 그동안 자기 생활에 집중하고, 여자친구 만날 때는 여자친구에게 집중할 수 있기 때문이다. 여기서부터 데이트 하게 되면 데이트 질이 다르다는 것을 느끼게 된다. 이런 만남이 몇 번 반복되게 되면 남자는 여자에게 너가 예전보다 많이 변한 것 같고 성숙해 진 것 같다고 말을 한다.

여자는 대화가 잘 통하고 느낌이 잘 통해야 잘 맞는 사이라고 생각할 수 있겠지만, 이것은 어디까지나 연애 초반에 국한된 얘기다. 정말 남자 여자가 잘 맞는 커플들은 서로 아픈데 서로 불편한데 건들지 않는 것이 잘 맞는 커플임을 나이 들수록 깨닫게 될 것이다.

재회해서
결혼하는 방법

.

.

.

사람에게 믿음을 줄 수 있는 방법은 뭘까?

예를 들어 직장 출근시간이 8시다. A라는 사람은 항상 7시 30쯤에 출근을 한다. 1년 12달 비가 오나 눈이 오나 대부분 7시 30분쯤에 출근을 한다. 그러나 B는 7시 55분이나 8시 또는 8시 5분에 출근을 한다. 사람들은 출근 시간만큼은 A는 믿을 수 있는 사람, B는 믿을 수 없는 사람이라고 생각한다. 이처럼 우리 사람은 믿을 줄 수 있는 방법은 일관성 있는 행동이다.

연애도 마찬가지다. 남자친구에게 항상 일관성 있는 모

습을 보여 주어야 한다. 여자들이 헤어지고 나서 다시 만나게 되면 많은 기대를 한다. 그동안 보고 싶었고, 또 사랑하니까. 다시 만나면 예전처럼 똑같이 사랑하고 좋을 것이라고 생각을 한다. 그러나 막상 처음 만나서 사귀게 되면 자신이 기대한 것과는 너무나 다른 모습을 보여 준다.

남자 입장에서 마음도 많이 식어있고, 흥미가 떨어져 있는 상태기 때문에 처음부터 여자들이 기대하는 알콩달콩한 모습은 보이지 않는다. 그러나 여기서도 남자에게 잘해주는 방법은 아무 소리 안 하고, 오는 연락만 받고, 1주일 동안 연락 없으면 자신이 먼저 연락하고, 싫은 소리 잔소리 안 하는 것이다. 그러면 남자는 서서히 여자가 좋아진다. 왜 그런가? 그래도 내 옆에 이 여자 밖에 없구나! 이런 생각이 들기 때문이다.

여자 입장에서 속이 상하고 답답하고, 내가 뭐 하는 짓인가? 이런 생각도 들 수 있다. 왜? 자기만 참고 기다리고, 다 이해해 주는 여자가 되어 있기 때문이다. 그러나 이런 모습은 최소 6개월에서 1년 정도 아무 소리 하지 말아야 된다. 왜냐하면 남자에게 일관된 모습을 보여 주면서 믿음을 주기 위한 목적이다.

재회하고 나서 다시 만날 때는 처음 사귈 때처럼 연락을 기다리거나 만남을 요구하는 것 보다 정해 놓고 만나는 것이 더 좋다. 남자친구에게 "자기 나한테 연락이나 만나는 거 자주 안 해도 돼. 그 대신 우리 한 달에 두 번은 같이 있자!" 이런 식으로 말하면서 서로 주말에 호캉스를 보내는 것이 좋다. 이런 패턴으로 만나게 되면 자주 만나지도 않아도 되고, 또 한 번 만나게 되면 길게 보기 때문에 여자 입장에서 그렇게 서운하지 않을 것이다. (한 달에 2번을 만나면 1번은 낮에 데이트, 한번은 같이 밤을 보내는 것도 괜찮다. 이러한 방식은 두 사람의 합의하에 결정하는 것이 좋다.)

　　왜냐하면 자주 연락하고 만나는 것보다 차라리 만나는 날을 정해서 만나면 서로에게 더 집중할 수 있기 때문이다. 같이 있으면서 영화도 보고, 맛있는 것도 먹고, 또 섹스도 하면서 서로 관계를 유지하는 것이다. 물론 깊은 얘기나 진지한 얘기는 많이 할 필요 없다. 같이 있으면서 이런 저런 얘기 들어주면 남자는 여자가 포근하고 따스한 감정을 느끼게 된다. 재회하고 나서 최소 6개월에서 1년 정도는 이런 만남으로 서로의 신뢰감을 회복을 하고 나서, 최소 6개월 동안 절대 싸우면 안 된다. 좀 부당하더라도 짜증나더라도 속으로 삭히고 절대 싸우지 말아야 한다. 이런 마인드가 상대를 움직이는 포인트가 될 것이다.

왜냐하면 남자와 계속해서 이런 만남을 유지하게 되면 남자는 엄청 편안함과 신뢰감을 느끼면서 이런 여자와 결혼해야겠다는 마음이 생긴다. 이러한 패턴을 습관처럼 만들어 놓으면 시간이 지나도 남자가 결혼할 의지가 보이지 않을 경우 잠수를 타거나, 아니면 연락을 줄이게 되면 남자는 여자에게 엄청 집착하고 매달리게 되어 있다. 왜 그런가? 그동안 여자에게 일관성 있는 모습과 신뢰감을 느꼈기 때문이다. 남자가 여자에게 매달리면 요구를 하면 되는 것이다.

이 책을 전체적으로 다 읽어보면 이해가 되면서 응용을 할 수 있을 것이다. 결혼이라는 것은 남자가 준비가 되어 있어야 하고, 또 결혼하기 위해서 마음의 준비와 결심이 있어야 한다. 남자는 단순히 좋다고 해서 섣불리 결혼하자고 하지 않는다. 요즘 남자들은 결혼 안 해도 연애만 해도 남녀 관계를 유지할 수 있다고 생각하기 때문이다.

그런데 여자는 그렇지 않다. 33살만 넘으면 결혼 엄청하고 싶은 것이 여자들 마음이다. 필자는 연애 전문가로서 여자들에게 충고한다. 여자의 적은 여자다! 여자친구들 말 다 믿어서는 안 된다. 내부분 여자들은 본능적으로 자랑하고 싶은 마음이 있기 때문에 자기 잘난 부분만 얘기하고, 울고 찌질하게 매달리고 남자친구와 싸운 부분은 말하지 않고, 대부분 프러포즈 받은 것과 기분 좋은 일들만 얘기한다. 들은 말 다 믿어서는 안 된다. 원래 연애는 다 어려운 것이며, 연애에서 결혼까지 가기 위해서는 많은 인내와 노력이 필요한 것이다. 그래서 마음이 단순히 만사형통이 아니라, 끊임없이 타협하고 협상하고, 양보하고 기다려주면서 남자에게 결심을 얻어 내는 것이다. 단순히 짜증 나고 기분 나쁘다고 헤어지자! 하면 남자가 잡아 줄 것이라는 생각은 버려야 한다.

필자는 남자지만 상담을 통해 그동안 많은 여자들이 결혼하는 것을 옆에서 지켜보았다. 아무리 잘나고 예쁜 여자도 순조롭게 결혼하는 것을 보지 못했다. 왜냐하면 결혼이라는 것이 단순히 둘만 좋다고 해서 되는 것이 아니기 때문이다. 결혼은 그 이면에 집안과 집안이 인연을 맺는 것이기 때문에 알고 보면 잘 조율하고 타협하는 것이 쉬운 일이 아니다. 결혼 준비하면서 집안끼리 구체적인 조건 협상하다가 파토가 제일 많이 난다.

그래서 그나마 가장 잘 이어나갈 수 있는 방법은 남자의 마음을 사로잡는 것이다. 그것은 남자를 편안하게 해주고, 남자가 이 여자가 없으면 안 되겠다는 생각을 심어 주는 것이다. 자기가 사랑받으려는 마음보다 지금 당장 손해

본다는 생각을 가져야 남자 마음을 지배할 수 있다. 지금 당장 손해 본다고, 큰일처럼 생각하면 안 된다. 남녀 관계는 무조건 길게 보아야 한다.

재회는
정말 사랑하는 남자와
조건 좋은 남자에게
하는 것이다

.
.
.

필자는 사랑을 지키는 것은 환경이라고 주장하는 사람이다. 뭐… 처음 사랑하고 열정이 있을 때는 믿음이 사랑을 지킨다고 생각할 수 있으나, 이러한 믿음은 일정부분 시간이 지나면 게을러지거나 긴장감 사라지거나 배신을 하게 된다. 그래서 이러한 믿음을 뒷받침할 수 있는 환경적인 요소가 있어야 된다는 것이다.

예를 들어 학생들에게 "너희들 그냥 공부만 하면 되니까 굳이 학교에 오지 않아도 된다." 하면 학생들이 학교에 나오겠는가? 아마 많은 학생들이 학교에 나오지 않을 것이다. 그러나 학생들의 학업 성적은 어떨까? 아마 잘 나오지 않을 것이다. 학교 안 가도 집에서 공부를 할 수 있지만, 공부하기 싫은 마음을 잡아주는 것이 학교가야 되는 것이다. 왜? 자리 앉게 되면 일단 공부할 확률이 높기 때문이다. 이런 흐트러진 마음을 잡아주는 것을 필자는 환경적인 요소라고 정의를 내린다.

남녀 관계도 마찬가지다. 두 사람이 아무리 사랑하고 서로에 믿음과 신뢰를 쌓고 잘 지내자고 하면, 이 마음이 불과 1~2년이면 흐트러지게 된다는 것이다. 이러한 마음을 잡아 주는 것이 뭘까? 바로 결혼이라는 제도다. 왜냐하면 싫든 좋든 기분이 나빠도 함께 하기 때문이기 때문이다.

그렇다고 결혼했다고 해서 남녀가 안 헤어지는 것은 아니다. 그것을 더욱더 단단하게 만드는 것이 자녀를 낳는 것이다. 필자가 생각하기에 결혼제도와 자녀가 없다면 이 세상에 헤어질 사람들이 전부다가 아닐까 생각이 든다. 이런 제도가 우리 인간의 나태하고 흐트러진 마음을 잡아준다.

원래 사람이라는 존재가 그렇다. 뭔가 긴장감과 책임감이 있어야 움직이는 존재다. 마냥 아무런 근심 걱정이 없으면 우리 사람은 게을러지고, 발전이 없는 존재들이다. 인간은 실패와 고통을 통해서 나아짐을 만드는 존재다. 연애도 그런 것이다.

그래서 필자는 사랑은 두 사람의 믿음보다 그것을 지키는 것이 환경적인 요인이 제일 크다고 주장하는 사람이다. 상담 사례를 예로 들어보자. 정말 착한 남자친구가 있었다. 늦은 나이에 취직이 잘 되지 않아 어쩔 수 없이 외삼촌 룸살롱에서 사무 업무와 잡다한 일을 하게 되었다. 밤에 출근하고 아침에 퇴근하는 구조이다. 처음은 직장처럼 열심히 일을 하였지만, 어느 날 술에 취해 비틀거리는 아가씨를 케어해 주다가 그 여자와 눈이 맞아 버렸다.

남녀 관계가 그렇다. 남녀 관계에 제일 많이 영향을 주는 것은 나와 그가 속해있는 환경이 제일 많은 영향을 준다는 것을 알아야 한다. 이 말은 무슨 뜻인가? 동그란 컵에 물을 담으면 물의 형태는 동그랗게 된다. 연애가 안 되는 시기가 있는데, 그 시기는 서로가 공무원을 준비하거나 취업 준비하는 취준생들이다. 대부분 공무원 시험이나 취업 준비는 시간이 걸리기 마련이다. 이런 환경에 놓여 있는 남녀커플은 어떨까? 매일 초조하고, 불안하고, 힘든 생활을 하면서 서로에게 집중하기 어렵고, 결국 연애가 잘 되지 않아 헤어지는 커플들이 많이 있다. 자신을 되돌아보고, 만났던 남자들을 생각해보아라. 그가 어떤 환경에 처해 있고, 또 어떤 환경을 지배받는지?

　사람은 지금 당장 누구를 누구를 사랑하고 있지만 그 사랑은 반드시 식기 마련이다. 애정이라는 것은 일정부분 한계가 있는 것이다. 만약 아무리 사랑해도 남자친구가 계약직이고 돈이 없고 빚이 많아봐라. 1년 지나면 남자친구 표정이 밝지 않아 매일 돈 때문에 고민을 하고, 그 영향을 여자친구에게도 당연히 줄 것이다. 이런 남자들은 자기 연민에 빠져 현실에 더 이상 전진하지 못하고, 당연히 기다려주는 여자와 결혼도 못하게 되는 것이다.

　설령 결혼했다 할지라도 돈 없고, 남자가 능력이 없다면 행복하게 사는 것은 한계가 있다. 연애는 환상이고, 결혼은 현실이라는 말이 왜 나왔겠는가? 결혼하는 즉시 잠에서 깨어나 냉엄한 현실을 경험하는 것이다. 그래서 제일 중요한 것은 자신이 만났던 남자가 직업이 안정적인지 그리고 집안도 좋은지 잘 보고 판단을 해야 한다.

　조건 안 보고 느낌 좋아하는 여자는 무조건 사랑하면 잘 될 거라는 자기 합리화로 남자를 사귀지만, 이렇게 만나서 시간지나 고생하는 여자들이 한 둘이 아니다. 내가 만났던 남자들을 살 생각해보자. 그를 무척 사랑하고, 좋아한다 할지라도 그 사랑 알고 보면 예전에도 하였고, 최근에도 하였고, 또 나중 되어도 할 것이다. 알고 보면 사람만 바 뀔 뿐이다. 그래서 남자 선택이 중요한 것이다.

단순하게 여자가 남자 잘 만나 결혼하고, 애 낳고 잘 살 면 되는데, 이 말이 쉽지, 어떤 남자를 선택해야 무난하게 살 수 있겠는가? 그것은 바로 올바른 환경과 남자의 직업 과 직장이 안정적인 남자만이 여자에게 해줄 수 있는 능 력들이다. 필자는 여자들에게 이런 남자와의 연애에 노력 하고 집중해라고 조언해 주고 싶다.

지금 당장 느껴지는 감정이 전부가 아니고, 조금 더 중 장기적으로 멀리 내다 볼 수 있는 안목을 길러야 한다. 이 세상에서는 이상한 남자들이 너무나 많기 때문에 만나보 면서 잘 선택하고 아니다 싶으면 냉정하게 정리할 수 있 는 능력도 가지고 있어야 한다.

사랑하는 남자와
오래도록 잘 유지하고
지내는 방법

.
.
.

    사람은 자기 아는 것, 자기 본 것만 말하는 존재다. 지금 껏 이 책에서 말하는 연애는 남자 위주로 남자를 편애하는 책처럼 느껴질 수 있을 것이다. 대부분 책의 내용이 남자를 이해하고 편안하게 해주라는 내용이 주된 내용이기 때문이다. 필자의 이러한 생각을 많은 여자들이 비판하고 부정적으로 생각하는 여자들이 많이 있음을 잘 알고 있다. 하지만 필자는 지금껏 이 일을 13년 동안 하면서 한결 같이 똑같은 말을 하고 있다. 그 이유는 바로 헤어진 여자와 위태로운 남녀 관계를 많이 보았기 때문이다.

남자와 여자는 정말 많이 다르다. 생각의 차이도 다르고, 사랑에 대한 개념도 많이 다르다. 또한 서로 좋아하는 타이밍도 많이 다르다. 처음은 남자가 열정을 내지만, 나중 되면 여자가 더 많이 좋아하고, 헌신하고, 매달리는 것이 대부분 여자들이다. 사랑하면 할수록 불안함도 커지고 '이 사랑이 안 되면 어떻게 하지' 하면서 항상 사랑 앞에서 숭고하고 매우 진지해지는 게 여자들의 마음이다.

　　이런 여자에게 연애가 안 되거나 남자가 시간을 갖자고 하거나 헤어지자고 하면 청천병력 같은 소리다. 그때부터 여자의 삶에 모든 기반은 흔들리고 많은 방황과 고통의 시간이 된다. 이런 여자들을 필자는 너무 많이 보았다. 그래서 어떻게 하면 여자들이 연애가 잘되고, 또 연애에서 결혼으로 잘 될 수 있을까 필자는 끊임없이 노력하고 연구하였다. 그 결과 필자는 연애에서 남자가 주도권을 지게 된다는 사실을 알게 되었고, 그 마음을 얻는 방법을 여자에게 끊임없이 알려주고 코칭했다. 결정적으로 남자에게 지속적으로 편안하게 해주면 대부분 남자는 여자에게 헌신하고 매달린다는 사실을 많이 발견하였기 때문이다.

　　연인 관계가 지금 잘 지낸다 하더라도 시간이 지나면

남자의 마음은 변하게 된다. 그 이유는 남자는 지속적으로 연애를 오래 못하기 때문이다. 남자는 아무리 사랑하는 여자와 같이 있다 할지라도 좀 답답해하고 혼자 있고 싶어한다. 썸타거나 처음 여자를 만들기까지만 노력하고, 그 이후부터는 연락도 줄어들고 만남도 줄어든다. 이런 남자 얘기가 어제 오늘의 일이 아니다. 오죽했으면 요즘 회피형 남자들이 왜 많겠는가?

여자 입장에서 속았고, 어떻게 처음에 나를 꼬실때는 그렇게 열심히 열정을 내고 노력을 하더니… 지금 와서 왜 그러냐? 정말 열변을 토해내듯이 남자에게 하소연을 해도 별 소용은 없는 것이다. 오히려 이런 행동들을 남자는 대수롭지 않게 생각하는 것이 어찌 보면 남자의 본능이 아닐까 생각도 든다. 매일 일상을 공유하는 여자와는 너무나 다른 모습이다.

여자는 남자에게 처음 자기를 꼬실 때 노력했던 모습을 보여 달라고 하는데, 그 모습을 보고 남자는 "자기를 이해 못한다. 안 맞다. 짜증난다." 심지어 연락 끊고 피하는 것이 오늘 대부분 남자들의 모습이다. 여자가 아무리 화를 내고 달래고 회유해도 남자는 변히지 않는다. 그 이유는 남자는 연애를 오래 못하기 때문이다.

이상하게 남자는 사랑하면서 자기가 쉬고 싶을 때 못 쉬게 되면 말수가 적게 되고, 형식적으로 변하게 된다. 남자에게 연애는 일과 같은 피곤한 작업이다. 그래서 연애를 하고 나면 혼자 있고 싶고 좀 쉬고 싶다. 남자에게 '좀 쉬고 싶다, 혼자 있고 싶다'라는 말을 들어본 적이 있을 것이다. 이 말의 뜻은 남자들이 연애를 일과 똑같다고 생각하기 때문에 쉬고 싶다는 것이다. 여자는 이해가 안 될 것이다. 어떻게 사랑하는 나를 만나면서 일과 같다고 생각하는지… 그러나 남자는 그렇게 생각을 한다.

남자가 여유가 있을 때는 여자에게 한없이 자상하고 웃기고 친절하게 대해 주지만, 일이 바쁘거나 힘든 일이 생기면 연애 자체를 부담으로 생각하고 연락부터가 줄어든다. 이런 모습을 보고 여자가 짜증을 내거나 잔소리를 하면, 남자는 일보다 여자를 더 피곤하게 생각해 버린다. 남자는 잠시 자기 일에 집중을 하거나 잠시 쉬고 싶어서 그런 것인데, 여자는 지쳐있는 남자에게 "나를 사랑해? 내가 먼저 헤어지자는 말 나오게 만드는 거야?"라며 남자에게 짜증을 부리게 된다.

남자는 일이 바빠지거나 힘들어지면 복잡한 자기 마음을 여자에게 잘 설명하지 못한다. 대다수 여자들이 이 상태에 놓이게 되면 감정적으로 변하거나 더 많은 대화를 요구해서 남자가 지쳐서 시간을 갖자고 하거나 이별을 선언해 버린다. 그래서 필자는 여자들에게 연애 잘하는 방법을 간단하게 말하고 싶다.

- 연애를 오래도록 잘 하고 싶으면 매일 연락을 요구하지 말아야 한다.
- 오는 연락만 잘 받아주고, 답장해 주면 된다.
- 한 달에 1주 정도는 남자에게 자신의 시간을 가지면서 쉬라고 처음부터 말하는 것이 좋다.
- 평소 만나는 패턴을 만들어 놓고, 한 달에 두 번 정도만 만나고, 만나는 동안 같이 밤을 보내거나 가까운 곳에 여행을 가는 곳도 권한다.
- 남자가 쉬고 있거나 일에 집중하고 있을 때는 그 순간 존중해 주는 것이 제일 좋다.

필자의 이러한 생각은 여자들이 부정적으로 생각하고, 비판할 수 있음을 잘 알고 있다. 이렇게 남자에게 빈틈을 주니 썸녀가 생겼다. 바람이 났다. 이런 말이다. 물론 그런 일도 일어날 수 있다. 하지만 이렇게 해주었는데 간 남자라면 분명 이상한 남자라고 먼저 말하고 싶다. 정상적인 남자라면 여자가 이렇게 편안하게 해주면 무조건 결혼하려고 한다.

마지막으로 우리가 역사를 배우는 것은 똑같은 실수를 반복하지 않기 위해서이다. 연애 또한 자신의 시행착오나 실패를 통해 반성하고 조금씩 나이지면서 발전하는 것이 연애인 것이다. 대부분 여자들이 연애를 실패하면 단순히 자존감 떨어진다고 하는데, 그 감정은 일시적인 것이다. 그 이후부터 자신을 되돌아보기 바란다. 분명 남자가 뭘 좋아하고 뭘 싫어하는지 그 포인트를 찾아야 한다. 그렇게 하기 위해서는 끊임없이 남자를 배우고 공부하고, 노력하는 것이 행복한 연애를 하는 지름길임을 알게 될 것이다.

연애가 힘든 당신에게

초판 1쇄 발행   2022년 12월 25일

지은이 | 랜보(김상오)
발행인 | 홍경숙
발행처 | 위너스북

경영총괄 | 안경찬
기획편집 | 안미성, 박혜민
마케팅 | 박미애

출판등록 | 2008년 5월 2일 제2008-000221호
주소 | 서울 마포구 토정로 222, 201호(한국출판콘텐츠센터)
주문전화 | 02-325-8901
팩스 | 02-325-8902

표지 디자인 | 김종민
본문 디자인 | 김수미
지업사 | 한서지업
인쇄 | 영신문화사

ISBN   979-11-89352-60-8   (03190)

＊ 책값은 뒤표지에 있습니다.
＊ 잘못된 책이나 파손된 책은 구입하신 서점에서 교환해 드립니다.
＊ 위너스북에서는 출판을 원하시는 분, 좋은 출판 아이디어를 갖고 계신 분들의 문의를 기다리고 있습니다.
winnersbook@naver.com | tel 02) 325-8901